职业院校活页式系列教材

跨境电子商务营销与策划

主　编：孟雯雯　孙智贤　闫静雯
副主编：郑小龙　王先梅　孔　懿
参　编：苗江波　刘大卫

北京理工大学出版社
BEIJING INSTITUTE OF TECHNOLOGY PRESS

版权专有 侵权必究

图书在版编目（CIP）数据

跨境电子商务营销与策划/孟雯雯，孙智贤，闫静雯主编．—北京：北京理工大学出版社，2021.9
ISBN 978-7-5763-0362-9

Ⅰ．①跨… Ⅱ．①孟… ②孙… ③闫… Ⅲ．①电子商务－网络营销 Ⅳ．①F713.365.2

中国版本图书馆 CIP 数据核字（2021）第 190211 号

出版发行 /	北京理工大学出版社有限责任公司
社　　址 /	北京市海淀区中关村南大街 5 号
邮　　编 /	100081
电　　话 /	（010）68914775（总编室）
	（010）82562903（教材售后服务热线）
	（010）68944723（其他图书服务热线）
网　　址 /	http：//www.bitpress.com.cn
经　　销 /	全国各地新华书店
印　　刷 /	河北盛世彩捷印刷有限公司
开　　本 /	787 毫米 × 1092 毫米　1/16
印　　张 /	15.25
字　　数 /	350 千字
版　　次 /	2021 年 9 月第 1 版　2021 年 9 月第 1 次印刷
定　　价 /	55.00 元

责任编辑 /	徐艳君
文案编辑 /	徐艳君
责任校对 /	周瑞红
责任印制 /	施胜娟

图书出现印装质量问题，请拨打售后服务热线，本社负责调换

前　言

跨境电子商务营销与策划是跨境电子商务专业核心课程，具有较强的实践性。通过对跨境电子商务企业营销工作岗位的调研和分析，遵循学生的认知规律，将教学内容分为八个项目，全面介绍了跨境电子商务营销与策划过程中的相关知识和技能，包括：项目一跨境电子商务营销与策划认知、项目二跨境电子商务文案策划、项目三跨境电子商务搜索引擎营销、项目四跨境电子商务社交媒体营销与策划、项目五跨境电子商务活动营销及内容营销、项目六跨境电子商务 Email 营销与策划、项目七跨境电子商务品牌营销与策划、项目八跨境电子商务全网营销与全渠道营销。

本书以跨境电商助力中国品牌出海为出发点，融入乡村振兴、爱岗敬业、工匠精神、诚实守信、知法守法等思政元素，以引领学生价值导向、培养学生健全的人格、促进专业建设发展、提高人才培养质量为目标，学习情境以工作过程为导向，引入真实的跨境电商企业运营项目，与行业和企业专家共同编写，重点培养学生的职业技能和职业素养。

本书适用于高等职业院校跨境电子商务、国际贸易、国际物流、市场营销等专业的理实一体化教学，在学习本书的同时，建议在网上了解我国最新出台的有关跨境电商出口方面的政策，了解海外主流社交媒体平台的规则。

学生在完成本书学习之后，能够掌握跨境电子商务营销与策划的知识和技能，为今后的就业和创业打下坚实的基础，逐步积累实践经验，实现零距离上岗。

本书项目一、项目二、项目四（部分）、项目七由山东外贸职业学院孟雯雯编写；项目三、项目四（部分）、项目五由山东外贸职业学院孙智贤编写；项目四（部分）由青岛酒店管理职业技术学院王先梅、青岛东海鲲鹏国际贸易有限公司苗江波编写；项目六和项目八由山东外贸职业学院闫静雯、青岛蛟龙湾电子商务有限公司刘大卫编写；项目七由山东水利职业学院郑小龙编写；项目八（部分）由青岛职业技术学院孔懿编写；全书由孟雯雯负责拟定编写思路和大纲，进行校对和审核。

由于编者水平有限，书中难免有不妥之处，恳请读者批评指正。

编　者
2021 年 7 月

目　录

跨境电子商务营销与策划思维导图 ……………………………………………… (1)

项目一　跨境电子商务营销与策划认知 ………………………………………… (3)

　　任务一　跨境电子商务营销与策划的概念 ………………………………… (5)
　　　　一、跨境电子商务营销与策划的概念 ……………………………………… (5)
　　　　二、跨境电子商务营销与策划的策略 ……………………………………… (5)

　　任务二　跨境电子商务营销与策划的类型 ………………………………… (13)
　　　　一、搜索引擎营销与策划 …………………………………………………… (13)
　　　　二、社交媒体营销与策划 …………………………………………………… (13)
　　　　三、事件营销与策划 ………………………………………………………… (13)
　　　　四、电子邮件营销与策划 …………………………………………………… (13)

项目二　跨境电子商务文案策划 ………………………………………………… (19)

　　任务一　跨境电子商务文案 ………………………………………………… (21)
　　　　一、文案的类型 ……………………………………………………………… (21)
　　　　二、文案的要素 ……………………………………………………………… (25)

　　任务二　跨境电子商务文案的创作方法 …………………………………… (33)
　　　　一、九宫格思考法 …………………………………………………………… (33)
　　　　二、要点衍伸法 ……………………………………………………………… (34)
　　　　三、三段式写作法 …………………………………………………………… (34)
　　　　四、注重 SEO 友好性 ………………………………………………………… (34)
　　　　五、搭配具有说服力的图片 ………………………………………………… (34)
　　　　六、用文案诱导消费者照"建议"购买 …………………………………… (34)
　　　　七、用文案防御竞争对手的攻击 …………………………………………… (35)
　　　　八、根据季节及销售情况优化文案 ………………………………………… (35)

项目三　跨境电子商务搜索引擎营销与策划 ……………………………………(41)

任务一　搜索引擎营销 …………………………………………………(43)
一、搜索引擎营销概述 …………………………………………………(43)
二、跨境电商中常用的搜索引擎介绍 …………………………………(44)
三、搜索引擎营销的基本步骤与方法 …………………………………(47)

任务二　搜索引擎关键词广告 …………………………………………(51)
一、关键词广告概述 ……………………………………………………(51)
二、关键词广告的技巧 …………………………………………………(51)
三、Google Ads 投放 ……………………………………………………(52)

任务三　搜索引擎优化 …………………………………………………(61)
一、SEO 的概念 …………………………………………………………(61)
二、SEO 的作用 …………………………………………………………(61)
三、SEO 推广步骤 ………………………………………………………(61)
四、Google SEO 推广技巧 ………………………………………………(62)

项目四　跨境电子商务社交媒体营销与策划 ……………………………(69)

任务一　TikTok 营销与策划 ……………………………………………(71)
一、TikTok 的特点 ………………………………………………………(72)
二、TikTok 的营销策略 …………………………………………………(73)

任务二　Facebook 营销与策划 …………………………………………(83)
一、Facebook 的特点 ……………………………………………………(83)
二、Facebook 的营销策略 ………………………………………………(83)
三、Facebook 的营销步骤 ………………………………………………(85)
四、Facebook 的营销技巧 ………………………………………………(89)

任务三　YouTube 营销与策划 ……………………………………………(93)
一、YouTube 的特点 ……………………………………………………(93)
二、YouTube 的营销策略 ………………………………………………(93)

任务四　Instagram 营销与策划 …………………………………………(107)
一、Instagram 的广告类型 ………………………………………………(107)
二、Instagram 的广告投放步骤 …………………………………………(108)
三、Instagram 的营销步骤 ………………………………………………(111)
四、Instagram 的营销策略 ………………………………………………(112)

项目五　跨境电子商务活动营销及内容营销 ……………………………(120)

任务一　全球主要国家的市场概况与主要节日 ………………………(124)
一、全球主要国家的市场概况 …………………………………………(124)
二、全球主要节日及其营销思路 ………………………………………(127)

任务二　跨境电子商务活动促销 ………………………………………(135)

一、跨境电商活动营销常识 ……………………………………………… (135)
　　二、基于平台的营销活动 ………………………………………………… (136)
　　三、节日营销活动策略 …………………………………………………… (138)
任务三　跨境电子商务内容营销 ………………………………………… (143)
　　一、内容营销的概念和作用 ……………………………………………… (143)
　　二、跨境电商内容营销类型 ……………………………………………… (143)
　　三、跨境电商内容营销策划 ……………………………………………… (146)
　　四、跨境电商内容营销策略 ……………………………………………… (147)
　　五、跨境电商内容营销案例 ……………………………………………… (148)

项目六　跨境电子商务 Email 营销与策划 …………………………………… (156)

任务一　跨境电子商务 Email 营销 ……………………………………… (158)
　　一、Email 营销定义 ……………………………………………………… (158)
　　二、Email 营销特点 ……………………………………………………… (159)
　　三、Email 营销的优劣势 ………………………………………………… (160)
　　四、Email 营销功能 ……………………………………………………… (161)
任务二　跨境电子商务常用的 Email 营销工具 ………………………… (165)
　　一、电子邮箱介绍 ………………………………………………………… (165)
　　二、Email 管理软件介绍 ………………………………………………… (166)
任务三　跨境电子商务 Email 营销策划方案 …………………………… (171)
　　一、跨境电子商务 Email 营销策划的流程 …………………………… (171)
　　二、跨境电子商务 Email 营销策划的要点 …………………………… (177)
任务四　跨境电子商务 Email 营销案例 ………………………………… (181)
　　一、兰亭集势——Email Only 价格（电子邮件用户专享价格）是主旋律
　　　　……………………………………………………………………… (181)
　　二、大龙网（DinoDirect）——多组合策略挽回客户 ………………… (182)
　　三、Everbuying——意味无穷的全球免运费（Worldwide Free Shipping）策略
　　　　……………………………………………………………………… (183)

项目七　跨境电子商务品牌营销与策划 ……………………………………… (189)

任务一　跨境电子商务品牌营销方案 …………………………………… (191)
　　一、品牌营销的策略 ……………………………………………………… (192)
　　二、品牌营销方案的内容 ………………………………………………… (192)
任务二　跨境电子商务品牌策划 ………………………………………… (197)
　　一、品牌策划的核心要素 ………………………………………………… (197)
　　二、品牌策划的关键步骤 ………………………………………………… (200)

项目八　跨境电子商务全网营销与全渠道营销 ……………………………… (208)

任务一　跨境电子商务全网营销 ………………………………………… (210)

· 3 ·

一、全网营销概述 ……………………………………………………… (210)
二、全网营销案例 ……………………………………………………… (215)
三、全网营销策划 ……………………………………………………… (217)
四、跨境电子商务全网营销管理 ……………………………………… (221)

任务二　跨境电子商务全渠道营销 ……………………………………… (225)
一、全渠道营销概述 …………………………………………………… (225)
二、全渠道营销案例 …………………………………………………… (227)
三、全渠道营销策划 …………………………………………………… (229)
四、全渠道营销管理 …………………………………………………… (230)

参考文献 ……………………………………………………………………… (236)

跨境电子商务营销与策划思维导图

- 跨境电子商务营销与策划
  - 项目一 跨境电子商务营销与策划认知
    - 任务一 跨境电子商务营销与策划的概念
    - 任务二 跨境电子商务营销与策划的类型
  - 项目二 跨境电子商务文案策划
    - 任务一 跨境电子商务文案
    - 任务二 跨境电子商务文案的创作方法
  - 项目三 跨境电子商务搜索引擎营销与策划
    - 任务一 搜索引擎营销
    - 任务二 搜索引擎关键词广告
    - 任务三 搜索引擎优化（SEO）
  - 项目四 跨境电子商务社交媒体营销与策划
    - 任务一 TikTok营销与策划
    - 任务二 Facebook营销与策划
    - 任务三 YouTube营销与策划
    - 任务四 Instagram营销与策划
  - 项目五 跨境电子商务活动营销及内容营销
    - 任务一 全球主要国家的市场概况与主要节日
    - 任务二 跨境电子商务活动促销
    - 任务三 跨境电子商务内容营销
  - 项目六 跨境电子商务Email营销与策划
    - 任务一 跨境电子商务Email营销
    - 任务二 跨境电子商务常用的Email营销工具
    - 任务三 跨境电子商务Email营销策划方案
    - 任务四 跨境电子商务Email营销案例
  - 项目七 跨境电子商务品牌营销与策划
    - 任务一 跨境电子商务品牌营销方案
    - 任务二 跨境电子商务品牌策划
  - 项目八 跨境电子商务全网营销与全渠道营销
    - 任务一 跨境电子商务全网营销
    - 任务二 跨境电子商务全渠道营销

项目一　跨境电子商务营销与策划认知

【知识目标】

(1) 正确认识跨境电子商务营销与策划的本质、特征及发展趋势。

(2) 掌握跨境电子商务营销与策划的概念、策略和方法。

(3) 掌握1+X跨境电商B2C数据运营和1+X跨境电商海外营销职业技能等级证书中相关社交媒体营销的知识点。

【能力目标】

(1) 具备界定跨境电子商务营销与策划平台并合理组建营销团队的能力。

(2) 具备综合运用跨境电商网络的思维并灵活选择营销渠道的能力。

(3) 掌握1+X跨境电商B2C数据运营和1+X跨境电商海外营销职业技能等级证书中相关社交媒体营销的技能点。

【素质目标】

(1) 了解我国跨境电商品牌出海的情况,感受中国速度、中国力量,培养具有社会责任感和社会参与意识、法律意识的高素质技能人才。

(2) 能够对自己的职业生涯规划有深入认知,对今后进入跨境电商企业的主要工作内容及流程有整体认识,有较强的集体意识和团队合作精神。

项目一　跨境电子商务营销与策划认知 ── 任务一　跨境电子商务营销与策划的概念
　　　　　　　　　　　　　　　　　　　└─ 任务二　跨境电子商务营销与策划的类型

中国老干妈出口 30 多国，成海外畅销调味品

　　在中国的许多厨房里，你可能会看到一瓶或几瓶老干妈，一种添加了干辣椒、花生、豆豉和味精等各种调料的辣椒油。它是为饺子和炒饭等中国主食增加风味的理想选择，实现了辣与脆的完美平衡，还有一种令人愉悦的鲜味，它也是中国最畅销的调味品之一。如今，这种调味品甚至已经成为流行文化的标志，2020 年全球销售额超过 54 亿元。

　　从厨师到评论家再到名人，西方精明的美食爱好者已经抓住这一潮流。2018 年，美国职业摔跤运动员约翰·塞纳在微博上发布了一段视频，对老干妈赞不绝口，而且说的是流利的中文。

　　在 2018 年 9 月的纽约时装周期间，服装品牌开幕式发售了一件印有老干妈标志的连帽衫，同月，还推出了老干妈爱好者杂志；Facebook 网站上甚至还出现了"老干妈鉴赏协会"，拥有来自世界各地 3500 多名成员。

　　美国明星 John Cena（约翰·希南，演员、歌手、摔跤手）2018 年 9 月 24 日在微博上发布了一段小视频。在视频里，这位电影《大黄蜂》的主角，郑重其事地拿着一瓶吃了一半的老干妈风味豆豉，声称他最爱用老干妈来配花菜，最后他还表示这不是广告。这段视频很快就从新浪微博传到了 Facebook、Twitter、YouTube、TikTok 上，于是越来越多的来自世界各地网友开始关注老干妈。

　　目前老干妈是海外许多中餐馆的标配，不论是狭小的外卖店还是精致的餐厅。在洛杉矶，有平价连锁中餐厅颐丰园出售浇上老干妈的面条；在伦敦，高档的胡同餐厅也提供用老干妈腌制的干煸虎虾；纽约中式快餐店米路餐厅则提供一种混合了辣椒面的自制辣椒酱。

　　老干妈在烹饪和文化领域的影响力或许是现年 74 岁的创始人陶碧华从未想象过的。每个老干妈罐子上都印着她表情严肃的肖像。早在 20 世纪 90 年代，寡居贫困的陶碧华在中国贵州省经营一个小食品摊，售卖价格低廉的米粉。尽管生活拮据，她还是经常向饥肠辘辘的儿童免费发放食品，因此被亲切地称为"老干妈"。

　　让陶碧华出名的不是米粉，而是米粉中令人回味无穷的辣椒酱，这促使她专注于销售后者。她最终关闭店面，做起了辣椒油生意，并用她的绰号为其命名。25 年来，公司秉承品质至上、踏实苦干、本本分分的经营理念，一步一个脚印逐步做大企业。为了调制出更符合市场需求的口味，"老干妈"面向全国采购辣椒，将不同地区、不同品种、不同辣度、不同香味、不同色度的辣椒进行科学"拼配"，调制出畅销全球的产品，酿造出消费者最满意、最熟悉、最认可的味道，使老干妈从贵州走向全国、走向世界。如今，老干妈已经出口到包括英国和美国在内的30多个国家，真正实现了民族品牌出海。

（资料来源：雨果跨境。https：//www.cifnews.com/article/91687）

 分析提示

　　"老干妈"一路走来不胜辛苦。要想在竞争激烈的市场环境中长久发展，要紧紧抓住每一个战略机遇，从内部挖潜，实施技术创新和营销创新的协同并进。"老干妈"通过跨境电子商务营销与策划团队，输出优质、独特的内容，在传承中国传统文化、树立国人文化自信的同时，打造个性化调味品品牌，牢牢抓住全球消费者的注意力，着力培养忠诚顾客。根据目标顾客的特点，建立跨境电子商务营销与策划传播矩阵，通过树立品牌独特的价值观，使顾客与品牌之间产生沟通和互动，实现了品牌的可持续发展。

任务一　跨境电子商务营销与策划的概念

 任务描述

　　小王最近发现自己的网店流量越来越少，订单也越来越少，非常着急，听朋友说通过合理的营销与策划方案可以快速提高店铺流量和转化率，也想学习一下。那么，什么是跨境电子商务营销与策划呢？网店卖家将如何选择适合自身店铺的营销策略？通过本次任务，了解跨境电子商务营销与策划的概念和策略。

 知识嵌入

　　"跨境电子商务营销与策划"的存在给人们的生活、工作和交往方式都带来了巨大的变革，在促进社会发展的同时，也带来了更为先进和科学的运营理念。作为新时代的运营者，必须首先掌握新媒体的相关知识，做好新媒体运营的准备工作。

 一、跨境电子商务营销与策划的概念

　　跨境电子商务营销与策划是企业整体营销战略的一个组成部分，是为实现企业总体经营目标而进行的，以互联网为基本手段营造跨境网上贸易经营环境的各种活动。它实质是利用互联网对跨境产品的售前、售中、售后各环节进行跟踪服务，自始至终贯穿企业经营的全过程，包括市场调查、顾客分析、产品开发、销售策略和反馈信息等方面。

 二、跨境电子商务营销与策划的策略

　　跨境电子商务营销与策划的策略是企业根据自身所在市场中所处地位不同而采取的一

些跨境电子商务营销与策划组合,它包括产品策略、价格策略、促销策略和顾客服务策略,如图1-1-1所示。

图1-1-1 跨境电子商务营销与策划的策略

(一)产品策略

产品策略主要分3种:产品组合策略、产品延伸策略和新产品开发策略。

1. 产品组合策略

产品组合是指一个企业生产或经营的全部产品线和产品项目的组合方式。它包括产品组合的宽度、长度、深度和关联度。

(1)扩大产品组合策略:也称全线全面型策略,即扩展产品组合的长度和宽度,增加产品系列或项目,扩大经营范围,以满足市场需要。该策略有利于综合利用企业资源,扩大经营规模,降低经营成本,提高企业竞争能力;有利于满足顾客的多种需求,进入和占领多个细分市场。

(2)缩减产品组合策略:也称市场专业型策略,即缩减产品组合的长度和宽度,减少一些产品系列或项目,集中力量经营一个系列的产品或少数产品项目,提高专业化水平,以求从经营较少的产品中获得较多的利润。该策略有利于企业减少资金占用,加速资金周转;有利于广告促销和明确分销渠道,从而提高营销效率。

2. 产品延伸策略

每一个企业所经营的产品都有其特定的市场定位。产品延伸策略即指全部或部分地改变企业原有产品的市场定位,其具体做法有向上延伸、向下延伸和双向延伸三种,如图1-1-2所示。

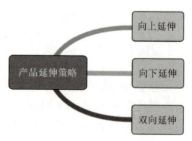

图1-1-2 产品延伸策略模型

3. 新产品开发策略

(1)新产品:即开创一个全新市场的产品。这种策略是网络时代最有效的策略,一般适合创新公司。网络时代使市场需求发生了根本性的变化,消费者的需求和消费心理也发生了重大的变化。因此，如果有很好的产品构思和服务概念，即使没有资本也可以凭借它获得成功，因为许多风险投资资金愿意投入互联网市场。新产品营销本质模型如图1－1－3所示。

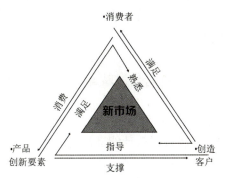

图1－1－3　新产品营销本质模型

（2）新产品线：即让企业首次进入现有市场的新产品。这种策略往往是企业对抗别人模仿的一种很好的防御性策略。

（3）现有产品线外新增加的产品：即补充企业现有产品线的新产品。由于市场不断细分，市场需求的差异性增大，因而这种策略是一种比较有效的策略。首先，它能满足不同层次的差异性需求；其次，它能以较低的风险进行新产品开发，因为它是在已经成功的产品上再进行的开发。

（4）现有产品的改良品或更新品：即提供改善了功能或较大感知价值并且替换现有产品的新产品。企业在消费者对品质需求日益提高的驱动下，必须不断改进现有产品和进行升级换代，否则很容易被市场淘汰。目前，产品的信息化、智能化和网络化是必须考虑的，如电视机的数字化和上网功能。

（5）降低成本的产品：即提供同样功能但成本较低的新产品。虽然消费者注重个性化消费，但个性化消费不等同于高档次消费，它意味着消费者根据自己的个人情况（包括收入、地位、家庭及爱好等）来确定自己的需要。因此，消费者的消费意识更趋于理性化，消费者更强调产品带来的价值，同时也包括所花费的代价。

（6）重定位产品：即以新的市场或细分市场为目标市场来定位现有的产品。这种策略在网络营销初期是可以考虑的，因为网络营销面对的是更加广泛的市场空间，企业可以突破时空限制，以有限的营销费用去占领更多的市场。

（二）价格策略

互联网的出现不但使收集信息的成本大大降低，而且还能得到很多的免费信息。网络技术的发展使市场资源配置朝着最优方向发展，这意味着市场的主动权不再是供应方而是需求方，由需求引导的市场资源配置是网络时代的重要特征。

1. 低价定价策略

（1）直接低价定价策略：定价时比同类产品要低。例如，Dell公司的计算机定价就比同性能的其他公司的产品低10%～15%。采用直接低价定价策略的基础是：本企业较同行能更有效地降低各项成本。

（2）折扣定价策略：在原价基础上进行折扣来定价。这种定价方式可以让顾客直接了解产品的降价幅度,以促进顾客的购买。这种定价策略主要用于一些网上店铺,它们对购买来的产品按照市面上流行的价格进行折扣定价。

(3) 促销定价策略:如果企业是为了拓展网上市场,但其产品价格又不具有竞争优势,则可以采用促销定价策略。促销定价策略除了前面提到的折扣定价策略,比较常用的还有有奖销售和附带赠品销售。

2. "定制生产"定价策略

根据顾客对象的不同定制生产可以分为以下两类:一是面对工业组织市场的定制生产;二是面对消费者市场的定制生产。

"定制生产"定价策略是指在企业能实行定制生产的基础上,利用网络技术和辅助设计软件,帮助消费者选择配置或者自行设计能满足自己需求的个性化产品,同时承担自己愿意付出的价格成本。

3. "使用"定价策略

所谓"使用"定价策略,就是顾客通过互联网注册后可以直接使用某公司产品,顾客只需要根据使用次数或时间进行付费,而不需要将产品完全购买下来。这样不仅可以减少企业为完全出售产品而进行大量不必要的生产和包装的浪费,同时还可以吸引那些有顾虑的顾客来使用产品,扩大市场份额。

采用按使用次数定价,一般要考虑产品是否适合通过互联网传输,是否可以实现远程调用。目前,比较适合这种定价策略的产品有软件、音乐和电影等。另外,采用按使用次数定价对互联网的带宽有很高的要求,因为许多信息都要通过互联网进行传输,如果互联网带宽不够,则会影响数据传输,进而影响顾客使用和观看效果。

(三) 促销策略

跨境电子商务营销与策划促销简称网络促销,是指利用网络技术向境外虚拟市场传递有关产品和服务的信息,以刺激消费需求,引发消费者购买欲望和购买行为的各种活动。

网络促销有以下两个特点:一是网络促销通过网络技术传递信息;二是网络促销是在虚拟市场上进行的。

1. 网络广告

网络广告,是指以计算机网络作为广告媒体,采用相关的电子多媒体技术设计和制作,并通过计算机网络传播的一种广告形式。网络广告可以分为旗帜广告、电子邮件广告、电子公告栏广告和新闻组广告等。

2. 站点推广

站点推广就是企业利用网络营销策略扩大站点的知名度,提高网站的被访问次数,起到宣传、推广企业及企业产品的一种促销形式。

站点推广主要有两类方法:一类是通过改进网站内容和服务,吸引顾客访问,起到推广效果;另一类是通过网络广告宣传推广站点。

3. 销售促进

销售促进是指企业利用可以直接进行销售的网络营销站点,采取一些销售促进方法如打折、抽奖和拍卖等,宣传和推广产品的一种促销形式。

4. 关系营销

关系营销是指通过借助互联网的交互功能吸引顾客与企业保持亲密关系,培养顾客忠诚度，提高顾客的再购率的一种促销形式。

（四）顾客服务策略

1. 网上售前服务

企业提供售前服务的方式主要有两种：一种是通过自己企业网站的宣传，向顾客介绍产品信息。这种方式要求企业的网站必须有一定的知名度，否则很难吸引顾客注意。另一种方式是通过网上虚拟市场提供产品信息。企业可以免费在虚拟市场上发布产品信息广告，提供产品样品。为方便顾客购买，企业还应该提供一些产品的相关知识。

2. 网上售中服务

网上售中服务是指产品的买卖关系已经确定时，顾客等待企业将产品送到指定地点过程中的服务，如了解订单执行情况和产品运输情况等。

3. 网上售后服务

网上售后服务就是企业借助互联网直接沟通的优势，以便捷方式满足顾客对产品帮助、技术支持和使用维护等需求的一种网上服务方式。网上售后服务有两类：一类是基本的网上产品支持和技术服务；另一类是企业为满足顾客的附加需求提供的增值服务。

4. 网上个性化服务策略

个性化服务也叫定制服务，就是按照顾客的要求提供特定服务。个性化服务包括三个方面：服务时空的个性化；服务方式的个性化；服务内容的个性化。目前，网上提供的定制服务一般是网站经营者根据顾客在需求上存在的差异，将信息或服务化整为零或提供定时定量服务，让顾客根据自己的喜好去选择和组配，从而使网站在为大多数顾客服务的同时，变成能够一对一地满足顾客特殊需求的市场营销工具。

案例链接

　　小狗电器是一家专注于清洁电器研发、销售的高新技术企业，主要基于互联网电子商务模式为消费者提供产品和服务。公司的主营业务为研发与销售吸尘器、扫地机器人及除螨仪等清洁电器，公司产品主打"小狗"品牌，它是著名清洁电器品牌之一。图1-1-4为小狗电器的 Youtube 主页。

　　在2019全球跨境电商成都大会上，小狗电器副总裁闵农发表了题为《中国品牌跨境出海方法论》的主题演讲。他表示，中国品牌出海要注意三点：品牌、专利、创新。小狗很多年前在全球范围内去做品牌的注册，这个钱是值得花的。走向国外市场不要给别人作嫁衣，不要有后顾之忧，中国很多品牌已经在国外被注册掉，甚至很多中国品牌走向欧洲时，通过政府的谈判协商，让品牌有一个合理的价位被收回来，这有很多血淋淋的事实。在小狗全球布局当中，特别是跨境电商市场中，一定要做国际品牌的注册，品牌是我们的根基。

　　小狗电器在2014年开始进驻速卖通，主要市场在俄罗斯和欧洲。他们希望在国际市场复制国内的成功，但一路走来也充满挑战，毕竟国际市场是一个更大的、更需要揣摩的领域。刚入驻的时候，在国际市场没有知名度；但很多东西其实是一脉相承的，他们决定像当初攻占国内线上市场一样，放低姿态，从零开始。他们深信口碑和社交媒体传播的力量，认为核心还是在产品、服务和售后。通过各个方面的提升优化，以及团队的努力和真诚服务，小狗电器最终获得了国外消费者的认可。

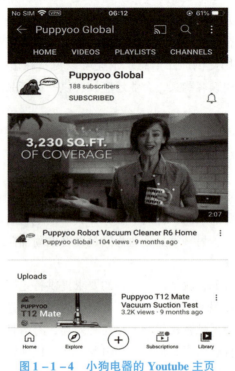

图1-1-4　小狗电器的Youtube主页

（资料来源：亿邦动力。https：//www.ebrun.com/20190605/336550.shtml）

 分析提示

在品牌出海的浪潮中，小狗电器是其中重要的一员。不仅要守住自己的一片沃土，还要不断去开拓创新，寻找新的市场，这是品牌延续生命力的关键，也是中国品牌放眼世界时的哲学。

职业技能训练

1. 训练目标

(1) 培养学生观察跨境电子商务营销与策划的意识和分析、解决问题的能力。

(2) 使学生了解跨境营销岗位的工作内容,能够明确自身的职业生涯规划。

2. 训练内容

(1) 根据1+X跨境电商B2C数据运营和1+X跨境电商海外营销职业技能等级证书中相关社交媒体营销的考核要点,列举中国品牌做跨境电子商务营销与策划的案例并分析其营销策略。

_____

_____

_____

_____

_____

_____

_____

_____

(2) 通过智联招聘、前程无忧、中华英才等相关网站,搜索跨境营销与策划领域中最感兴趣的职位,了解其岗位需求,做好职业规划和简历。

_____

_____

_____

_____

_____

_____

_____

_____

任务评价

1. 本次任务的技能点评价(如表1-1-1所示)

表1-1-1 本次任务的技能点评价

序号	技能点评价	佐证	达标	未达标
1	跨境电子商务营销与策划的概念	能够熟练掌握跨境电子商务营销与策划的概念		
2	跨境电子商务营销与策划的策略	能够熟练掌握跨境电子商务营销与策划的4个策略		
3	跨境电子商务营销与策划案例的策略分析	能够对跨境电子商务营销与策划案例中所用到的策略进行分析和分类		

2. 本次任务的素质点评价(如表1-1-2所示)

表1-1-2 本次任务的素质点评价

序号	素质点评价	佐证	达标	未达标
1	创新意识	能够在跨境电子商务营销与策划方案的内容编辑中融入具有新意的主题和内容		
2	协作精神	能够和团队成员协商合作,共同完成实训		
3	资源的查找、整合能力	能够进行相关资源的查找和整合		
4	职业道德、法律意识	能够掌握相应的营销规则和平台管理规范		
5	严谨的工匠精神	能够在跨境电商营销案例中做出精确分析		
6	自我学习能力	能够运用跨境电子商务营销与策划的相关知识和技能		

任务二　跨境电子商务营销与策划的类型

 任务描述

小王在学习了跨境电子商务营销与策划的概念和策略后,也了解到跨境网络媒介具有传播范围广、速度快、无时间地域限制、无时间版面约束、内容详尽、多媒体传送、形象生动、双向交流、反馈迅速等特点。那么如何选择适合自己店铺的营销方法呢?通过本次任务,进一步学习跨境电子商务营销与策划的类型。

 知识嵌入

跨境电子商务营销与策划的类型主要分为以下四种:

 一、搜索引擎营销与策划

无论是国内市场交易还是跨境交易,搜索引擎的营销方式一直以来都至关重要。用户通过搜索引擎了解商家及产品,找到自己所需的产品。因此,想要更好地打开国际市场,海外搜索引擎营销渠道必不可少。而且商家还需优化搜索引擎,尤其是可通过购置关键词的方式,使产品更容易被海外用户搜索到。还要注意不同国家的搜索引擎。虽然全球大多数国家的用户都在使用Google,但是也有24%左右的用户使用其国家本土的搜索引擎。为了这些潜在用户,熟悉不同国家本土的搜索引擎也尤为重要。搜索引擎营销通常会使用的方式有:SEO优化、PPC广告和SEM竞价推广。通过关键词引导客户通过搜索引擎访问自己的网站或店铺。

 二、社交媒体营销与策划

为产品更好地挖掘潜在用户,可以为商家带来丰富的流量。在TikTok、Facebook、YouTube、Instagram等社交媒体上,用塑造品牌故事、发布视频等方法展示产品。一些知名公司通过发布有创意的广告宣传品牌概念,使品牌形象不断被深化。

同时利用大数据来进行营销活动的策划,通过收集和积累客户资料,然后针对性地使用多种营销方式对用户进行深度的挖掘和维护。

 三、事件营销与策划

企业通过策划、组织和利用具有新闻价值、社会影响以及名人效应的人物或事件,吸引媒体、社会团体和消费者的兴趣与关注,以求提高企业或产品的知名度、美誉度,树立良好品牌形象,并最终促成产品或服务销售的目的。

 四、电子邮件营销与策划

电子邮件营销(EDM,即Email Direct Marketing的缩写),是在用户事先许可的前提下,通过电子邮件的方式向目标用户传递价值信息的一种网络营销手段。电子邮件营销有三个基本因素：用户许可、电子邮件传递信息、信息对用户有价值。三个因素缺少一个，都不能称之为有效的电子邮件营销。电子邮件营销广泛地应用于跨境电子商务营销与策划领域。

Anker 的跨境营销之路

Anker（安克创新）是扎根中国本土，业务遍及海外的中国出海企业典型代表。公司在全球最大传播集团 WPP 与 Google 联合发布的 "BrandZ™ 中国全球化品牌50强"上连续四年上榜并位居前列（如图1-2-1所示），并入选 2019 灵眸奖"十大实力全球化领军企业"和 2019 年"福布斯中国 AIoT 百强企业"，已成为中国消费电子品牌走向世界的一面旗帜。

Anker 成立于 2011 年，公司主要从事自有品牌的移动设备周边产品、智能硬件产品等消费电子产品的自主研发、设计和销售，成功打造了全球知名的高端创新充电品牌 Anker，Anker 主要生产移动电源、充电器、数据线等智能数码周边产品。

Anker 目前是北美、日本、欧洲多国、中东多国线上市场领先的智能配件品牌，畅销全球 100 多个国家和地区，主要通过亚马逊直接销售。Anker 成功的一个关键是产品的质量以及品牌从生产笔记本电脑电池转型到手机充电器，更关键的是它的跨境电子商务营销与策划战略。

Anker 正在实施双轨战略：一方面，它继续通过亚马逊销售，因为品牌得益于强有力的评论。正面评论的数量、合理价格以及亚马逊市场搜索排名中的靠前位置都有助于转化率。另一方面，Anker 也通过幸运抽奖、Power User（提供新产品给领先用户以推动对外反馈）以及明星贡献者计划

图1-2-1　2020 BrandZ™中国全球化品牌50强

（用户生成内容），鼓励回头客户或非亚马逊客户直接从 Anker 的网站购买。

这是 Anker 早期营销活动的延续。Anker 在 2012 年开始转向手机充电器生产，积极接触国际影响者，并邀请他们在社交媒体平台上以图文帖子或短视频的形式来评价产品。这也产生了反向链接，让 Anker 网站的搜索引擎排名更靠前。

分析提示

Anker 通过品质和品牌建立起竞争壁垒，赚取品牌溢价，避免陷入低价竞争的恶性循环。随着跨境电子商务营销与策划方法的不断升级，营销过程中，产品的质量和口碑因素加重，逐步回归商业的本质。如果制造企业能在发挥产品优势的基础上，灵活运用各种营销方法，放眼全球，开拓进取，一定会出现像 Anker 这样的企业，在垂直行业成为全球领先的品牌。

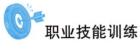

职业技能训练

1. 训练目标

（1）培养学生具备跨境电子商务营销与策划的思维。

（2）培养学生能够根据案例提炼并分析营销方法。

2. 训练内容

（1）结合1+X跨境电商B2C数据运营和1+X跨境电商海外营销职业技能等级证书中有关跨境电商社交媒体运营的考核要点，列举目前主流的跨境社交媒体营销平台并分析其特点。

_____

_____

_____

_____

_____

_____

_____

_____

（2）分组讨论。各小组选择适合做跨境电商的产品，简要写出其营销方案。

_____

_____

_____

_____

_____

_____

_____

_____

任务评价

1. 本次任务的技能点评价（如表 1－2－1 所示）

表 1－2－1　本次任务的技能点评价

序号	技能点评价	佐证	达标	未达标
1	跨境电子商务营销与策划的类型	能够熟练掌握跨境电子商务营销与策划的方法		
2	跨境电子商务营销与策划案例中的营销类型提炼和分析	能够对跨境电子商务营销与策划案例中所用到的营销方法进行提炼和分析		
3	1＋X 跨境海外营销运营职业技能等级证书中相关考核要点	能够列举目前主流的跨境社交媒体营销平台并分析其特点		

2. 本次任务的素质点评价（如表 1－2－2 所示）

表 1－2－2　本次任务的素质点评价

序号	素质点评价	佐证	达标	未达标
1	协作精神	能够和团队成员协商合作，共同完成实训		
2	资源的查找、整合能力	能够进行相关资源的查找和整合		
3	职业道德、法律意识	能够掌握相应的跨境电商社交媒体平台的规则和要求		
4	严谨的工匠精神	能够在跨境电商营销案例中做出精确分析		
5	自我学习能力	能够运用跨境电子商务营销与策划的相关知识和技能		

素养提升

跨境电商政策解读——《2021年关税调整方案》

经国务院批准,《2021年关税调整方案》(以下简称《方案》)自2021年1月1日起实施。2021年关税调整方案以推动高质量发展为主题,支持国内国际双循环,推动实体经济创新发展、优化升级。《方案》对部分商品的进口关税及税则税目进行调整,调整情况说明如下:

一、进口关税税率

(一)最惠国税率

1. 进口暂定税率

自2021年1月1日起对883项商品(不含关税配额商品)实施进口暂定税率,其中自2021年7月1日起,实施进口暂定税率商品为874项,取消9项信息技术产品进口暂定税率。

一是支持进口替代,提高部分商品进口关税。为支持装备制造业提高自主化水平,提高或取消喷气织机、光通信用的玻璃毛细管等商品进口暂定税率;为支持国内基础产业加快发展,提高或取消蓝宝石衬底、轮胎等商品的进口暂定税率;对正丙醇等实施反倾销反补贴措施的商品取消了进口暂定税率。

二是降低国内亟需的高新技术设备及零部件、国内紧缺资源品以及部分优质原料等商品的进口关税。如降低航空零部件的关税,税率从3%~20%下降至1%,其中对飞机发动机用传动轴税率从6%降至1%,据企业反映每年预计降低企业进口成本170万元,有助于提升我国航空产业技术发展水平和促进国际技术合作。如降低了特殊患儿所需食品、部分抗癌药和罕见病药品原料、人工心脏瓣膜、生产新冠肺炎疫苗药瓶所需的玻璃管、无水乳糖以及乳业加工设备及零件的关税,将进一步减轻患者经济负担,改善人民生活品质。

三是加大生态环保支持力度,调整部分商品进口关税。取消6项金属废碎料进口暂税,缩小2项商品的暂税适用范围,取消再造烟草的进口暂定税率。同时,降低柴油发动机排气过滤及净化装置、废气再循环阀及用于生产聚酰胺的发酵液等部分环境产品关税,继续降低部分木材和纸制品进口暂定税率,有助于改善空气质量,保护生态环境。

2. 信息技术产品最惠国税率

根据信息技术产品降税协议安排,自2021年7月1日起,对176项信息技术产品实施第六步降税,其中119项商品降低至零。

(二)关税配额税率

继续对小麦等8类商品实施关税配额管理,降低棉花配额外进口暂定税率,按主流进口棉花均价计算,滑准税税率由13.7%降至10.7%左右。

(三)协定税率

根据我国与有关国家或地区签订的自贸协定或优惠贸易安排,2021年我国将对16

个协定、27个国家或地区实施协定税率。其中，自2021年1月1日起，对我国与新西兰、秘鲁、哥斯达黎加、瑞士、冰岛的双边贸易协定以及亚太贸易协定的协定税率进一步降低。其中，原产于蒙古的部分进口商品自2021年1月1日起适用亚太贸易协定税率，遵循亚太贸易协定原产地规则（海关总署公告〔2018〕69号）。2021年7月1日起，按照我国与瑞士的双边贸易协定和亚太贸易协定规定，进一步降低有关协定税率。同时，我国与毛里求斯自贸协定自2021年1月1日起生效。当最惠国税率低于或等于协定税率时，协定有规定的，按相关协定的规定执行；协定无规定的，二者从低适用。

（四）特惠税率

2021年继续对与我建交并完成换文手续的其他最不发达国家实施特惠税率，适用商品范围和税率维持不变。

二、出口关税税率

自2021年1月1日起继续对铬铁等107项商品征收出口关税，适用出口税率或出口暂定税率，征收商品范围和税率维持不变。

三、税则税目

为适应产业发展和科技进步需要，便利贸易管理和统计，同时规范执行《商品名称及编码协调制度》。

一是增列大西洋鲑鱼、甘蔗糖或甜菜糖的糖浆、黑茶、基因测序仪等商品税目；

二是拆分插电式混合动力汽车、不锈钢平板轧材、发光二极管的灯管和灯泡税目；

三是修订稀奶油、芜菁、番木瓜、滤光镜等货品名称、类注和章注；

四是调整银鲳、落叶松、花旗松、滑板等税目位置。

项目二　跨境电子商务文案策划

【知识目标】

(1) 正确认识跨境电子商务文案。
(2) 掌握文案策划的要素。
(3) 掌握 1+X 跨境电商 B2C 数据运营和 1+X 跨境电商海外营销职业技能等级证书中相关文案的知识点。

【能力目标】

(1) 具备文案策划能力。
(2) 具备文案创新能力。
(3) 掌握 1+X 跨境电商 B2C 数据运营和 1+X 跨境电商海外营销职业技能等级证书中相关文案策划的技能点。

【素质目标】

(1) 了解中国品牌文案策划的案例，培养跨境电商助推品牌出海的社会责任感。
(2) 能够对跨境营销岗位有更加深入的认知，培养团队协作意识。

思维导图

项目二 跨境电子商务文案策划
- 任务一 跨境电子商务文案
- 任务二 跨境电子商务文案的创作方法

大疆无人机跨境营销如何开拓海外市场

从2014年至2020年,全球在商用无人机行业上的投入已经增长了近700%,从6090万美元发展至48亿美元。这其中,来自中国的大疆品牌占到了全行业发展的70%,远超诸如GoPro在内的其他品牌,成为全行业当之无愧的领头羊。

那么在短短几年间,大疆是如何取得现在的成功的?

1. 与海外知名网红合作,吸引社媒关注

在出海过程中,大疆一直以来坚持的营销方式就是与领域内的知名网红展开合作,他们或者邀请YouTube上知名网红制作高质量的短视频,或者邀请他们进行最新产品的测评。

对于科技品牌而言,网红不仅可以吸引来自不同社媒上的粉丝,而且其产生的影响力比传统意义上的明星更具真实性,他们可以在更大限度上推动消费者产生消费欲望。数据显示,60%的YouTube粉丝会听从社媒网红的建议,选择合适的产品和购买地点。

2. 借助粉丝力量,打造特色UGC内容(即用户原创内容)

其实每位消费者都可以通过无人机拍摄出美丽的照片和视频,这对于大疆来讲,绝对是免费且高效的宣传方式。在社媒Instagram上,大疆开创了名为djicreator(大疆创意师)的标签,鼓励来自全球的无人机粉丝上传自己通过机器拍摄的照片和视频。如果拍摄质量高的话,大疆还会通过自己的官方账号进行投放和宣传。

这样一来,来自全球的拍摄爱好者都开始上传自己的得意之作。不论是神奇的动物迁徙视频,还是情侣之间的搞怪视频,任何视频都有机会登上大疆的官方账号。有如此之大的吸引力,那尝试一下又有何不可呢?

3. 打造社区概念,强化粉丝社群属性

为了强化粉丝的归属性,大疆打造了一个航拍的分享社区,旨在为航拍的爱好者构建一个交流航拍技巧和展示航拍作品的社群。目前全球使用无人机进行航拍的用户人数超过了130万。而这个社群从创立之初到现在也已经积累了上万名的用户,每个人平均分享1.5个作品。

打造这样的社区,一方面是可以获得更多来自航拍爱好者的精美图片;另一方面,航拍爱好者可以在这个社群中收获更多的归属感,从而在潜移默化的过程中加强了消费者对于品牌的忠诚度。

4. 发布神秘预告片，瞬间引发购买欲望

每当进行新品发布会的时候，大疆都会制作十分神秘的预告短片。在视频中，震撼的土地、清晰的动态摄影以及神秘的产品轮廓，吊足粉丝的胃口。这些视频在不同的社媒上得到了疯狂的传播，让更多的海外消费者为之沸腾。

（资料来源：星空网。http://fashion.shaoqun.com/a/254739.html）

分析提示

作为在海外市场上一骑绝尘的中国品牌，大疆在跨境电商营销方面也为国内的企业做出了表率。希望越来越多的中国品牌可以向大疆学习，创造出更多的营销策略和文案。

任务一　跨境电子商务文案

任务描述

作为新手卖家，需要做的是让自己的产品在众多的竞品中脱颖而出，需要把产品的细节做好，做到差异化营销，真正吸引海外消费者，并且不断回头购买。那么我们怎样做才能吸引海外消费者呢？通过本次任务，我们首先了解跨境电子商务文案的基本概念。

知识嵌入

一、文案的类型

在跨境电商企业中，一个优秀的文案可以起到提升单品转化率、增加产品连带销售、加深消费者对品牌印象等作用。一个优秀的跨境电商文案的核心就是提取卖点，吸引消费者注意力，刺激消费者的购买欲望。常见的跨境电商产品营销文案类型主要有以下五种：卖点营销型文案、痛点营销型文案、促销营销型文案、活动营销型文案、产品营销型文案。

（一）卖点营销型文案

卖点营销型文案，就是利用产品卖点来吸引消费者，使消费者在看到具有卖点的图片后，就能迅速找到购买这个产品的理由。卖点营销型文案一定要在两句话之内说清楚，千万不要用过多的文字去诠释卖点，这样会让消费者失去阅读耐心，也就很难产生强烈的购买欲望。总之要做到用少量的文案直接打动消费者，让他们产生强烈的购买欲望。对于跨境电商企业来说，使用卖点型营销文案时一定不要一次性放出太多的卖点，最好是选择一个最核心的卖点，这样才不会显得杂乱，而且具有一定的说服力。

例如,目前在欧美市场比较流行的磁铁睫毛 Magnetic Eyelashes,最突出的卖点就是上下片睫毛通过磁铁吸附在一起,省去了手工嫁接和胶水黏合的过程,如图 2-1-1 所示。

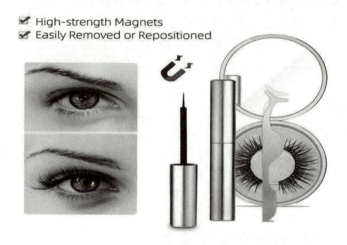

图 2-1-1 卖点营销型文案

(二) 痛点营销型文案

选择痛点营销型文案,必须站在消费者的角度去想问题,罗列出消费者会面临的所有问题,从这些问题入手,将问题的解决方法和产品融入文案里,这样才能写出一个比较好的痛点营销型文案,如图 2-1-2 所示。

图 2-1-2 痛点营销型文案

很多跨境电商的卖家,不知道如何去抓住消费者的痛点。其实要想写出痛点营销型文案,只需要从下面 4 个方面结合产品本身展开联想即可。

(1) 安全感。安全感是消费者最基本的心理诉求,把产品的功能和安全感结合起来,才能让消费者感到舒心,直击消费者的痛处。

(2) 情感诉求。爱情和亲情是人类最大的需求和欲望,若要将产品与爱情相结合,可以从消费者懵懂的初恋入手;若要将产品与亲情结合,可以从给你亲爱的家人留住每一个幸福的瞬间等方向入手。

(3) 掌控感。随着时代的进步,人们越来越向往自己能掌控生活的方式,这种掌控感不仅是对自己生活的一种支配，也是对生活的自信，如果电商企业在文案中带入"我的生活我做主"的文字内容，就很容易引起消费者的共鸣。

（4）针对群体。电商企业可以通过划分群体使消费者自动对号入座，可以从成功人士、时尚青年、家庭主妇等诸多群体标签入手。

找寻痛点不仅只有上面几种方式，痛点需要自己去挖掘。值得注意的是，在挖掘痛点之前一定要将产品了解清楚，要挖掘契合产品某一特性的痛点。

（三）促销营销型文案

促销营销型文案，就是将促销活动设计成文案来吸引消费者，消费者在看到具有诱惑力的促销图片后，若促销力度比较大，基本不会拒绝购买此类产品，如图2-1-3所示。

图2-1-3 促销营销型文案

促销营销型文案要注意以下5点：
（1）促销信息要突出；
（2）促销信息一定要真实；
（3）可以加一些创意在文案里面；
（4）一定要让消费者感觉到超值划算；
（5）适当加上时间限制，让有购买欲望的消费者产生紧迫感。

（四）活动营销型文案

对于跨境电商来说，活动是打响品牌和提高销量的重要方法。活动营销型文案不要太过仔细地描述活动内容，只要提及核心内容即可，如图2-1-4所示。

活动营销型文案要注意以下5点：
（1）文案核心内容要突出；
（2）简要介绍活动内容；

(3) 可以加一点创意在文案里面;
(4) 一定要让消费者感到超值划算;
(5) 适当加上时间限制,让有购买欲望的消费者产生紧迫感。

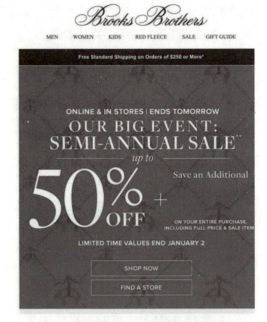

图 2-1-4 活动营销型文案

(五) 产品营销型文案

产品营销型文案在跨境电商营销过程中运用得非常多,它用图片和文字结合的方式,紧抓产品特点,一般没有字数限制,但最好在 30 个单词以内,这样避免消费者失去耐心,如图 2-1-5 所示。

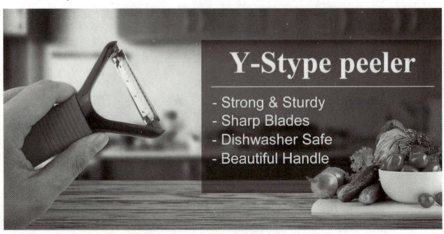

图 2-1-5 产品营销型文案

产品营销型文案要注意以下 4 点:
(1) 文案能够描述产品的核心功能或典型使用场景;
(2) 文案语气需要注意,慎用疑问;

（3）文案设计要具有情感化特征；

（4）文案设计要有阅读层次性，以渐进式的文字设计引导消费者认知产品，以标题文字为核心，以内容解释文字为展开基础。

不论是哪种类型的营销文案，都要与图片所表达的情景相符合，要从消费者的需求、可能遇到的问题等出发，这样才能制作出一个好的营销文案。

二、文案的要素

（一）要素一：产品

首先思考：产品的基本特点有哪些？产品本身具备哪些优势？如何根据产品本身优势打造出有竞争力的痛点文案？

文案是写给消费者的，它在写作方法上除了要博得消费者的喜爱，还有最重要的一点就是宣传产品，把产品的优势在文案中充分体现出来，并引起消费者的购买欲望。在电商文案中体现产品优势的技巧包括：将产品的特点转化为利益，强调产品的附加值，为消费者提供次要承诺以及从用户体验的角度出发。

1. 将产品的特点转化为利益

对于产品研发人员来说，他们要尽可能改进产品，使之更适合大多数消费者。但对于文案创作者来说，产品的功能和特点是不能改变的，能改变的是观念。所以文案创作者在做产品文案的时候，要始终坚持一个原则：只要把产品的特点转换成利益，满足了消费者的需求，文案就算成功了。

文案创作者在写文案时，最重要的就是引导或改变消费者的观念，从而实现销售。产品的特点转化为利益，中间要有一个过程，即要先把产品的特点转化为产品的优点，然后再把产品的优点转化为利益，但是这个利益一定是消费者认可或者消费者喜欢的。文案创作者若想写出一个好的电商文案，就要从产品的特点中努力挖掘产品的优点。

2. 强调产品的附加值

附加值是在产品原有价值的基础上，通过生产过程中的有效劳动创造的新价值，指超出产品本身价值的那部分价值。在电商文案中，为产品赋予附加值主要是基于产品本身，而不是预算的多少；与预算的多少比起来，更重要的是广告的创意，而创意能增加产品的附加值，使消费者看到产品比其他品牌更多的利益。

3. 为消费者提供次要承诺

跨境电商文案要向消费者提供次要承诺，次要承诺是指产品能够带来的功效有实实在在的意义，能为产品的价值做一个完美的补充，从而促使消费者下单。实际操作时要注意以下3点：

（1）次要承诺要可信；

（2）设置时要有理有据；

（3）放在较为显眼的位置。

4. 从消费者体验的角度出发

优秀的文案是围绕消费者的感受设计的，它从消费者的角度出发，是视觉化的、直指利益的，其主要目的是吸引消费者购买产品，强调产品功效，提升消费者体验，从而让消费者心甘情愿地下单。在这个过程中,要使用消费者的语言,用消费者的方式思考,不要用空洞华丽的词语,不要写得太文艺腔。在此基础上,提升界面文案的视觉效果,给消费者提供安全感,排除疑虑,从而达到下单消费的目的。

(二)要素二:受众

其次需要思考:产品是卖给哪些消费群体的?他们来自哪个国家?不同国家的跨境电商市场需求有哪些不同?针对平台流量,占据市场最大的消费人群的需求习惯是怎样的?如何对跨境电商的购买行为进行分析?

对于跨境电商而言,打入海外市场最关键的就是:不仅要根据市场需求去选品,而且所销售的产品还要符合当地消费者的喜好。因此研究消费者的消费需求及购买行为是必不可少的一个环节。针对跨境电商平台而言,不同国家消费者的购买行为存在差异,因为不同国家的消费者具有不同的文化背景、风俗习惯、社会环境、个性和心理因素。不同国家的消费者会选择从跨境平台以相对较低的价格来购买一些本国没有优势的产品,这种情况在跨境电商平台上最为常见。

跨境电商平台以全球总交易额为依托,整理出一份全球跨境网购消费者对中国商品的兴趣清单,以美国、俄罗斯、巴西、英国、澳大利亚为代表的成熟市场,与包括以色列、阿根廷、挪威在内的新兴市场,热销的中国商品不尽相同,但服装、鞋帽及配饰这一大品类在各个国家的市场上均排在第一位。在英国市场上,畅销产品除了服装、鞋帽及配饰,还包括家装用品、电脑通信等,其中家装用品和电脑两大类分别排在第二位和第三位。新兴市场国家代表以色列的消费者,对服装、鞋帽及配饰更为偏好,其次是手机配件、电子消费产品、电脑、珠宝首饰、手表等。

消费需求是指消费者对于商品和劳务形式存在的消费品的需求和欲望。满足消费者需求,发现消费者新的消费需求并予以满足,是企业营销活动的全过程。对于跨境电商的卖家,研究消费需求变得尤为重要。马斯洛通过研究发现,一般人只要在生理需求方面能获得80%的需求便能感到满足,安全需求得到70%、社交需求得到50%、尊重需求得到40%、自我实现需求得到30%便会感到满足。马斯洛认为,一种没有得到满足的需求,便成为消费者产生购买行为的推动力,在需求未得到满足前,人们都有一种紧张、恐惧、不安的表现,在需求得到满足后,也就减少了对行为的刺激作用,如图2-1-6所示。

图2-1-6 马斯洛需求层次理论模型

市场营销学家把消费者的购买动机和购买行为概括为6W和6O，形成了消费者购买行为研究的基本框架。

（1）市场需要什么（What）——有关产品（Objects）是什么。通过分析消费者希望购买什么、为什么需要这种产品而不需要那种产品，研究企业应如何提供适销对路的产品去满足消费者的需求。

（2）为何购买（Why）——购买目的（Objectives）是什么。通过分析购买动机的形成（生理的、自然的、经济的、社会的、心理因素的共同作用），了解消费者的购买目的，进而采取相应的市场策略。

（3）购买者是谁（Who）——购买组织（Organizations）是什么。分析购买者是个人、家庭还是集团，购买的产品供谁使用，谁是购买的决策者、执行者、影响者，根据分析，组合相应的产品、渠道、定价和促销。

（4）如何购买（How）——购买组织的作业行为（Operations）是什么。分析购买者对购买方式的不同要求，有针对性地提供不同的营销服务。在购买者市场，分析不同类型购买者的特点，如经济型购买者对性能和廉价的追求，冲动性购买者对情趣和外观的喜好，手头拮据的购买者要求分期付款，工作繁忙的购买者重视购买方便和送货上门等。

（5）何时购买（When）——购买时机（Occasions）是什么。分析购买者对特定产品的购买时间的要求，把握时机，适时推出产品，如分析自然季节和传统节假日对购买行为的影响程度等。

（6）何处购买（Where）——购买场合（Outlets）是什么。分析购买者对不同产品的购买地点的要求，如：消费品中的方便品，购买者一般要求就近购买；选购品则要求在商业区购买，以便于挑选对比；特殊品往往要求直接到企业或专业商店购买的。

（三）要素三：效果

文案策划的效果是不可定量的，但是数据化时代可以通过大量数据做参考。一般来说，跨境电商企业看文案策划是否需要修改、是否符合消费者的需求、是否引起消费者的注意力时，都会通过3个基本指标来判断。下面以这3个指标——跳失率、转化率、访问深度来分别介绍。

1. 跳失率

该指标用来反映页面内容受欢迎的程度，跳失率越大，就代表页面内容越需要调整。一般跳失率的3种常见类型是首页跳失率、关键页面跳失率、具体产品页面跳失率。

跳失率是衡量被访问页面的一个重要因素，在形成跳失率之前，消费者已经通过某种方式对页面进行访问，而跳失的原因无非是因为消费者感觉搜索点击到达的页面与预期的不符，从而不想再关注该页面。

跳失率 = 只浏览一个页面就离开的访问次数/该页面的全部访问次数

跨境电商企业可以通过跳失率的大小来判定文案是否足够优秀，是否为企业作出贡献，即吸引消费者的注意力，引起消费者的购买欲望，最终产生销售量。

2. 转化率

该指标是跨境电商营销的核心指标，是判断营销效果的指标，也是判断文案是否优秀的指标。在跨境电商营销中一般注意5种转化率，即注册转化率、客户转化率、收藏转化率、添加转化率、成交转化率，全面地分析转化率给企业带来的益处。

转化率指在一个统计周期内完成转化行为的次数占推广信息总点击次数的比率，即

$$转化率 = 转化次数/点击量$$

跨境电商网站转化率越高，该网站盈利能力越强，即单位来访者中产生的购买者就越多。提高网站转化率能够在无法增加流量的情况下，增加网站的盈利，也可以证明在网站中的文案是符合需求和欣赏水平的，所以网站转化率是跨境电商企业必须关注的指标。

在实际分析中，既要看过程转化率，又要看结果转化率，这样才能更加全面地分析转化率，把握文案是否运用得当，如图2-1-7所示。

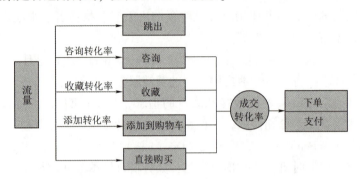

图2-1-7 转化率详细解析

3. 访问深度

该指标是指消费者在一次浏览网站的过程中浏览的网站页数。如果消费者一次性浏览的网站页数很多，那么就可以证明该网站对其吸引力比较大。一般来说消费者的访问深度越大，表明消费者体验度越好，网站的黏性越高，跨境电商文案的设计也相对比较合理。

提高跨境电商网站的访问深度，建议注意以下4点：

（1）网站页面排版布局合理；

（2）产品文案紧扣产品理念和主题；

（3）促销文案扣着一个促销核心，不要堆积过多的促销信息，促销方案一定要搭配图片，打造美观的视觉效果；

（4）合理的分类导航，有利于提升访问深度。

（四）要素四：引流

这里的引流着重介绍关联营销。关联营销也称为绑缚营销，目前关联营销在电商市场中非常火爆。关联营销是指在一个页面上，同时放了同类、同品牌等可搭配的与产品相关联的其他产品，它是一种新的、低成本的，企业在网站上用来提高收入的营销方法。

关联营销是一种在交叉营销的基础上，在产品、品牌等所要营销的事物中寻找关联性，来实现深层次的多面引导的营销方法。关联营销对于电商来说，不仅是一种营销手段，还是一种提升电商文案等级的方法。关联营销主要有三方面作用，如图2-1-8所示。

关联营销一般放置于店铺产品详情页中，而不是放在首页的位置，并且关联营销应该针对不同产品设置不同的关联位置。常见的关联营销位置分为详情页上方、详情页中部、详情页尾部。

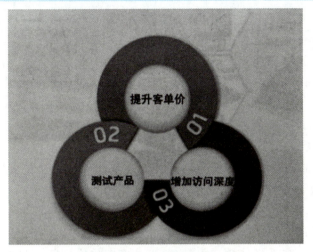

图 2-1-8 关联营销的作用

（1）在详情页上方适合放置连带性强的产品及促销文案，可以避免因价格或产品不符合消费者购买意愿而跳失，也称之为强关联。

（2）在详情页中部需要利用文案与产品图进行搭配推荐，增加相关产品的曝光度，还可以通过分享引入流量。

（3）在详情页尾部的关联产品应该与详情页的产品具有连带作用，但是关系相对不是特别紧密，相当于在消费者浏览页面的最后，进行进一步推荐，达到在店铺内回访的效果。

 案例链接

Anker 的文案设计案例

Anker 这款充电宝的一套辅图中（如图 2-1-9 所示）有两处特别值得学习的地方，分别是图片文案和视觉效果。图片中上位置都有一句短文案加一句介绍，以颜色和字号作为区分，并且与单张图片的整体风格保持协调。

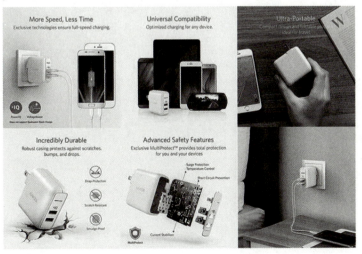

图 2-1-9 充电宝辅图

每看到其中一张图片时,注意力首先是被亮蓝色的短文案给吸引,再根据介绍的提示去了解这款产品。因为消费者浏览的时间有限,比起单纯放上精美的产品图片或者细节图,加上这么一句显眼的文案,消费者对这款产品的印象会加深,他们的脑海里已经被打下1、2、3、4、5个标签,也就是这5张图里的短文案。而如果缺了这么一部分,效果会大打折扣。

设计文案时可以注意以下3点:

(1)拆分卖点各放置于一张辅图,包括但不限于产品的参数信息、使用功能、产品优势(对比)、产品细节、使用场景、个性化包装等,重点是构造出符合主题的图片情境,这样能够大大加分。

(2)辅图整体背景风格特别是色调上保持一致或与产品高度相关。

(3)简洁明了的卖点文案与显眼的相关产品图片设计结合。

一个好的文案一定是经过精心准备的,既要有实质的内容,又要有恰当的形式,通过形式与内容的结合,向消费者传输作为卖家想要表达的东西,而这些东西又是能够触及消费者关切点的,消费者通过阅读文案与卖家达成共识,找到共鸣,然后下单购买,即形成了转化,而这个转化高于同行卖家,这才是一个优秀的文案。

 分析提示

从内容的角度来说,文案策划应该是从目标消费者的角度,提炼出能够打动消费者的卖点,然后用易于消费者理解的语言表达出来。还要强调自己的产品特色,强化自身的产品符号,差异化的内容表述和独特卖点往往可以起到种心锚的作用,让消费者过目不忘,这样才能有效提高订单转化率。

职业技能训练

1. 训练目标
（1）培养学生跨境电商文案分析能力。
（2）培养学生跨境电商文案策划能力。

2. 训练内容
（1）列举中国跨境电商出海品牌的文案。

_____
_____
_____
_____
_____
_____
_____
_____

（2）分析该文案所属的类型与核心要素。

_____
_____
_____
_____
_____
_____
_____
_____

 **任务评价**

1. 本次任务的技能点评价（如表 2-1-1 所示）

表 2-1-1 本次任务的技能点评价

序号	技能点评价	佐证	达标	未达标
1	文案的类型	能够熟练掌握跨境电子商务文案的 5 种类型		
2	文案的要素	能够熟练掌握跨境电子商务文案的 4 大要素		
3	跨境电子商务文案分析	能够对跨境电子商务文案进行详细分析		

2. 本次任务的素质点评价（如表 2-1-2 所示）

表 2-1-2 本次任务的素质点评价

序号	素质点评价	佐证	达标	未达标
1	创新意识	能够挖掘跨境电子商务文案的创新点		
2	协作精神	能够和团队成员协商合作，共同完成实训		
3	资源的查找、整合能力	能够进行相关资源的查找和整合		
4	职业道德、法律意识	能够掌握相应的法律法规和营销规则		
5	严谨的工匠精神	能够对跨境电子商务文案做出精确分析		
6	自我学习能力	能够灵活运用跨境电子商务文案策划的相关知识和技能		

任务二　跨境电子商务文案的创作方法

任务描述

对于没有写作经验的文案创作新手小王来说,必须了解一些文案创作模式和文案创作的要点,这样才不至于在写作时无从下手。通过本次任务,学习文案创作的九种方法,让文案创作新手在写作时有章可循。

知识嵌入

文案创作的方法主要有以下九种。

一、九宫格思考法

九宫格图有助于人的思维扩散。用九宫格思考法创作电商文案时,要把产品名写在正中间的格子内,再把由产品所引发的各种想法或优点写在八个方格内(如图2-1-1所示)。一般情况下可以按照顺时针方向填写,或者从四面八方填进去。九宫格填完之后,文案创作者需要回过头静下心来重新审视,这些是不是必要的,是否需要删去一些或者其中有一到两个点是混杂在一起的。所以文案创作者需要分开来写,或者有些点不够明确,还需要重新修改一下。九宫格可以让文案创作者没有限制地修改,一直修改到清楚为止。而且九宫格的每一单项都可以再进行细分,再填出来另外一张九宫格,这样文案创作者可以把单项部分再——清理,从而得到更加细致的内容。

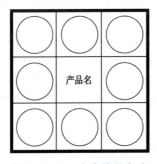

图2-2-1　九宫格思考法

在想出产品所有优点之后,如何运用这些优点写出一则让消费者值得阅读的文案也需要重点推敲。电商文案并不是直接把产品所有优点指出来就可以了,它需要经过多重包装,强化优点,但是如果某一产品的优点太多,就要强化其中一个优点。另外文案创作者还要注意的是,对消费者记忆点的使用要因地制宜。比如文案如果用在海报或推广图上,其记忆点最多不要超过3个,但是在详情页上就不一样了,文案中可以尽可能地展示出推广产品的重点优势。

二、要点衍伸法

要点衍生法是把产品的特点写下来，然后对每个要点进行一一介绍和延伸。具体的操作方法如图2-2-2所示。

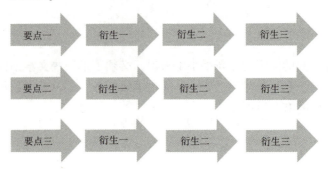

图2-2-2 要点衍伸法

利用要点衍生法写作文案时，要不断地对产品的某一特点进行推敲分析，与同类型的电商文案对比，找到既能满足买家需求，又能打动买家的词语，然后组合起来，这样才能写出一则好的文案。

三、三段式写作法

这是仿新闻学中"倒三角写作法"。第一段，精要地浓缩全文的销售话术，因为多数人都没耐心看全文。第二段，依照要点衍伸法，逐一说明该产品的众多特色。最后一段的主要任务是要让消费者立即购买，所以一般是强化产品USP（Unique Selling Point，独特销售卖点）、价格优势或赠品。

四、注重SEO友好性

不会写文案的人，文案是写给自己看的；会写文案的人，文案是专门写给目标消费者看的；最擅长写文案的人，文案是同时写给目标消费者与搜索引擎蜘蛛看的。因此文案中出现的产品名称要完整，包含品牌、中文、英文、正确型号，方便Google、百度等搜索引擎蜘蛛读取，且完整产品名的出现频率可以是2~3次。因此，建议文案中巧妙地植入关键词，而不是全部的图片格式。

五、搭配具有说服力的图片

再动人的文案也不如一张有说服力的照片。长篇大论不如图文并茂地解说，文案不是写作，可以把它理解成"单页的电子型录"来思考。图片底下可斟酌加上一小排图片说明文字，新闻学研究已经证明，图片与图片底下的图说阅读率远胜过内文。另外，还请记得要用小标题提纲挈领地说明，这样阅读效果更佳。

六、用文案诱导消费者照"建议"购买

优秀的实体音响店销售员会用精彩的话术改变消费者刚进店里时心中预设的目标产品

与预算，他会把消费者"带"向高利润与他最想要销售的产品，而非消费者本身想要买的产品。文案也可以以此为目标，操控消费者的心理，比如加购配件、买某种颜色、买更高等级的规格、接受推荐的产品等。

七、用文案防御竞争对手的攻击

好的文案可以防御竞争对手的攻击。竞争对手的攻击包括耳语攻击、文案攻击以及价格攻击。如果觉得已经影响了销售力道而必须有所动作，那么可在文案里四两拨千斤地还击，有技巧地化解对方的攻势，不必指名道姓正面冲突，轻松化解窘境。

八、根据季节及销售情况优化文案

文案就像电视广告可以有不同时期的版本。在产品销售之前、全新上市时、产品热销时、产品销量衰退时、产品清仓时的文案都可以不同，帮助消费者找出"为何要在此时机购买的理由"，这些差异化的文案都会帮助提升产品销量。

Hot Miami Style

产品英文描述：YAS GIRL! Walk in this navy velvet set and expect all eyes on you. Designed with a one shoulder unique crop top and fitted capri pants，如图 2-2-3 所示。

文案亮点：贴近受众语用风格。

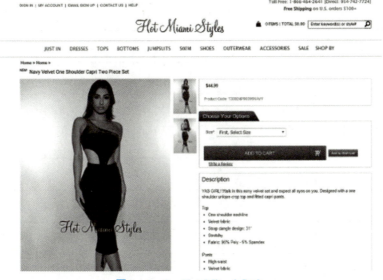

图 2-2-3　Hot Miami Styles

女子运动服饰品牌 Hot Miami Styles 十分明确自己的受众定位是年轻的时尚女士，所以其以 Instagram 上热门的表达"YAS GIRL"为开头开启了描述，以表明其年轻的、Instagram 风向的时尚精神。因此如果商家知道自己客户群正在使用的行话或者谈论他们喜欢事物的特殊表达，那么可以在文案页面中使用它。

分析提示

许多跨境电商卖家容易忽视文案描述的重要性，事实上文案描述可以决定产品销售。消费者可以通过文案描述来获取更多产品信息，文案描述的好坏也直接会影响店铺或产品的转化率。因此在文案描述中，选择合适的关键词、术语、表达方式、图片驱动消费者购买尤为重要。

笔记区

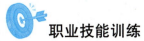
职业技能训练

1. 训练目标

(1) 熟悉跨境电商文案的创作方法。

(2) 能够根据不同的产品特点灵活地进行文案创作。

2. 训练内容

结合文案创作的九种方法，选择一款跨境电商产品为其设计文案。

任务评价

1. 本次任务的技能点评价（如表 2-2-1 所示）

表 2-2-1　本次任务的技能点评价

序号	技能点评价	佐证	达标	未达标
1	跨境电子商务文案创作的方法	能够熟练掌握跨境电子商务文案创作的方法		
2	跨境电子商务文案创作方法的灵活运用	能够为指定的产品设计文案		

2. 本次任务的素质点评价（如表 2-2-2 所示）

表 2-2-2　本次任务的素质点评价

序号	素质点评价	佐证	达标	未达标
1	创新意识	能够在跨境电子商务文案创作中融入流行的元素和内容		
2	协作精神	能够和团队成员协商合作，共同完成实训		
4	职业道德、法律意识	能够熟知国际上在广告发布方面相应的法律法规		
5	严谨的工匠精神	能够不断优化文案		
6	自我学习能力	能够灵活运用文案创作的相关知识和技能		

解读跨境电商海关代码"9610"

1. 9610 是什么

9610 是一个四位代码,前两位是按海关监管要求和计算机管理需要划分的分类代码,后两位为海关统计代码。9610 全称"跨境贸易电子商务",简称"电子商务",俗称"集货模式",也就是我们常说的 B2C 出口(Business to Customer)。

9610 报关出口针对的是小体量,也就是俗称的集货模式,比如国际快递发货。采用"清单核放、汇总申报"的方式,由跨境企业将数据推送给税务、外汇管理部门,实现退税。

2. 9610 政策出现的原因

对于采用邮寄、快递方式出口的卖家来说,若按一般贸易出口对单个包裹报关清关,则需要大量的人力物力来完成,这必然不利于中小卖家的发展。

因此,为了方便这类卖家退税,国家出台了 9610 政策。9610 政策是一种通关模式,早在 2014 年就出现了,当时海关总署也增列海关监管方式代码 9610,专为销售对象为单个消费者的中小跨境电商企业服务。9610 模式下,海关只需对跨境电商企业事先报送的出口商品清单进行审核,审核通过后就可办理实货放行手续,这不仅让企业通关效率更高,而且也降低了通关成本。

3. 9610 出口报关的核心

(1) 清单核放:跨境电商出口企业将"三单信息"(商品信息、物流信息、支付信息)推送到单一窗口,海关对清单进行审核并办理货物放行手续,通关效率更快,通关成本更低。

(2) 汇总申报:跨境电商出口企业定期汇总清单形成报关单进行申报,海关为企业出具报关单退税证明,解决企业出口退税难题。

4. 9610 报关模式的开展流程

9610 模式下的 B2C 出口流程为:国外买家网上购物—订单付款—清单核放—买家收到货物—汇总申报。

(1) 企业注册。凡是参与跨境电商零售出口业务的企业,包括跨境电商企业、物流企业等,如需办理报关业务,则应当向所在地海关办理信息登记。

(2) 通关申报。跨境电商零售出口商品申报前,跨境电商企业或其代理人、物流企业应当分别通过国际贸易"单一窗口"或跨境电商通关服务平台,向海关传输交易、收款、物流等电子信息,申报出口明细清单。

(3) 离境结关。进口申报清单放行后,跨境电商出口商品通过运输工具运输离境,对应进口申报清单结关。

(4) 汇总申报。跨境电商零售商品出口后,跨境电商企业或其代理人应当于每月 15 日前按规定汇总上月结关的进口申报清单形成出口报关单,允许以"清单核放、汇总统计"方式办理报关手续的,则不再汇总。

5. 9610出口要注意的事项

通过9610的方式来退税,要走快递、专线的渠道,如果走的是邮政代理,一般是没法退税的。

跨境卖家要在21天内,整理前20天出口的商品清单,把清单出具给海关,让海关出具相关证明,去办理出口退税。

(来源:雨果跨境。http://m.cifnews.com/article/58300)

笔记区

项目三　跨境电子商务搜索引擎营销与策划

【知识目标】

(1) 正确认识搜索引擎营销的概念、原理和作用。
(2) 了解跨境电商中常用的搜索引擎。
(3) 掌握搜索引擎营销的基本步骤与方法。
(4) 掌握关键词推广的概念与技巧。
(5) 掌握 SEO 推广步骤与方法。
(6) 掌握利用 Google 进行营销策划的方法。

【能力目标】

(1) 具备利用搜索引擎分析市场、分析竞争对手，并成功寻找买家的能力。
(2) 具备进行关键词推广和搜索引擎优化的能力。
(3) 具备进行搜索引擎营销策划的能力。

【素质目标】

(1) 在讲解 Google 搜索引擎时，介绍 Google 先进的企业文化，培养企业家精神，助力实现中国梦。
(2) 引导学生树立从消费者需求出发的营销理念，兼顾消费者利益和社会效益，将个人专业志向与社会需求及国家发展的战略结合起来，实现个人梦想和祖国梦想的统一。

项目三　跨境电子商务搜索引擎营销与策划

- 任务一　搜索引擎营销
- 任务二　搜索引擎关键词广告
- 任务三　搜索引擎优化（SEO）

Google 助力 3D 打印品牌拓展新蓝海，销量增长 200%

"Anycubic"是深圳市纵维立方科技有限公司（以下简称"纵维立方"）旗下的 3D 打印机品牌。纵维立方，是一家集 3D 打印机研发、生产、销售于一体的高新科技企业。虽然纵维立方在电商平台网站拥有较好的销售成绩，但开拓更多蓝海新市场，扩大客群以及提高利润，是它想要提升的目标。

纵维立方就品牌独立站与 Google 开展合作，用数字营销来帮助纵维立方触及那些原本依托单一平台无法触及的国家和地区，以展开全球版图，同时吸引更多对"3D 打印机"感兴趣的用户，扩大客群，把独立站作为品牌依托和商城销售渠道建设的重要阵地。

借力 Google 广告，拓展新市场

纵维立方在开启海外销售之初，主要通过线上平台网站进行销售。平台网站的销售区域集中在美国、加拿大和欧洲部分地区，纵维立方希望争取更多新市场的订单。

通过与 Google 团队的首次沟通，纵维立方了解到可以使用 Google 搜索趋势工具来了解更多新蓝海市场机会。于是，在 Google 重点新客户团队的帮助下，纵维立方发现："3D 打印机"在墨西哥、澳大利亚、德国、奥地利等国家的搜索引擎上搜索量可观，存在很强的购买需求。根据此发现，纵维立方在稳固欧美主市场的同时，将搜索广告投放至上述新市场。品牌独立站在上线首月即实现盈利，三个月内访问流量增加 3 倍，且 ROI 维持在非常良好的状态。

优化品牌独立站，扩大客群

纵维立方品牌独立站运营团队担心自己产品数量少，可以推广宣传的内容素材相对也不多，可能导致品牌独立站竞争力较差，无法像其他快消品类那样引起消费者的广泛关注。Google 团队得知此顾虑，建议纵维立方在投放购物广告的初期，针对较成熟的西方国家，根据不同的市场及消费者特征准备相应的产品标签，用以持续扩展市场，促进销售转化。结果证明，纵维立方在非美国市场购物广告系列得到近 20 倍增长。这表明，购物广告不仅适用于快消产品，单价高且受众窄的产品选择购物广告，也能出量。同时，在开始使用 Google 广告的前三个月（在品牌独立站上线的前三个月），月销售增长率即达到 200%，利润提高一倍以上。

（资料来源：全球赢网站。https：//iglobalwin. teamtop. com/article‑19. html）

项目三　跨境电子商务搜索引擎营销与策划

 分析提示

纵维立方成立初期，因担心产品种类不够丰富、过于垂直小众和推广素材不足，仅把品牌独立站当作展示品牌的窗口。随着3D打印逐渐被市场接受，纵维立方在各主流第三方平台的3D打印机品类里销量位列前三，但由于平台网站触及区域和利润受限，原先的运营模式已经不再满足进一步提升的需求。纵维立方就品牌独立站与Google开展合作，用Google搜索引擎营销方式触及那些原本依托单一平台无法触及的国家和地区，以展开全球版图，同时吸引更多对"3D打印机"感兴趣的用户。

任务一　搜索引擎营销

 **任务描述**

小王加入了公司的跨境网络营销部门的跨境搜索引擎营销团队。初来乍到，他有很多疑问，搜索引擎不是用来搜索信息的吗？怎么用来进行跨境网络营销推广呢？跨境电商搜索引擎营销的原理和特点有哪些？常用的跨境搜索引擎营销方式又有哪些？怎样采用这些常用的搜索引擎营销方式来进行跨境网络营销呢？通过本次任务，了解搜索引擎营销的概念、种类和方法。

 **知识嵌入**

一、搜索引擎营销概述

搜索引擎是指根据一定的策略、运用特定的计算机程序从互联网上采集信息，在对信息进行组织和处理后，为用户提供检索服务，将检索的相关信息展示给用户的系统。搜索引擎包括全文索引、目录索引、元搜索引擎、垂直搜索引擎、集合式搜索引擎、门户搜索引擎与免费链接列表等。

（一）搜索引擎营销的概念

搜索引擎营销（Search Engine Marketing），我们通常简称为"SEM"。搜索引擎营销是基于搜索引擎平台的网络营销，是目前应用最广泛、时效性最强的一种网络营销方式。它利用搜索引擎的特点，根据用户使用搜索引擎检索信息的机会，配合一系列技术的策略，将更多的企业信息呈现给目标用户，从而使其盈利。搜索引擎营销是以关键词搜索为前提，以盈利为目标的一种营销推广方式，被广大的跨境电商企业作为首选营销推广策略。

例如，查看兰蔻在百度搜索引擎中的表现。假设用户在搜索栏中输入关键词"兰蔻"，出现在搜索栏结果第一条的是图文并茂的兰蔻网上商城品牌专区。作为国内首家试水网上营销业务的化妆品品牌，兰蔻与百度的再度联手，旨在将搜索引擎上的潜在用户吸入其

· 43 ·

B2C 网站进行消费。通过百度品牌专区、兰蔻网上商城链接、促销公告、商品信息等以图文并茂的形式呈现。与传统的搜索显示结果最大的不同是，企业可以亲手编辑栏目内容，将企业的最新信息前移，主动管理企业在搜索引擎上的品牌形象，促进网络平台和线下活动的良性互动。

（二）搜索引擎营销的原理

搜索引擎营销得以实现的基本过程说明了搜索引擎营销的基本原理：企业将信息发布在网站上成为以网页形式存在的信息源；搜索引擎将网站/网页信息收录到索引数据库；用户利用关键词进行检索（对于分类目录则是逐级目录查询）；检索结果中罗列相关的索引信息及其链接 URL；用户根据对检索结果的判断，选择有兴趣的信息并单击 URL 进入信息源所在网页。这样便完成了企业从发布信息到用户获取信息的整个过程。

（三）搜索引擎营销的特点

1. 以企业网站为基础，以网站访问量增加为效果

一般情况下，搜索引擎营销需要以企业网站为基础（有时也可以用来推广网上商店、企业黄页等），企业网站设计的质量又会对营销推广的效果产生直接的影响。由于搜索引擎营销的使命就是获得访问量，因此增加访问量是网站推广的主要手段。而至于访问量是否能最终转化为收益，则不是搜索引擎营销能够决定的。

2. 以信息为主导，以用户为主导

搜索引擎检索出来的是网页信息的索引，一般只是网站的简要介绍或搜索引擎自动抓取的部分内容。因此搜索引擎营销需要研究如何尽可能将有吸引力的索引内容展现给用户，吸引用户根据这些简单信息进入相应的网页继续获取信息，并确保该网站能够给用户提供所期望的信息。此外，搜索引擎营销是由用户主导的，搜索什么信息及在搜索结果中单击哪些网页都取决于用户的判断，最大限度地降低了营销活动对用户的干扰。

3. 实现高程度的定位

搜索引擎营销可以对用户行为进行精准分析并实现高程度定位，尤其是在搜索结果页面的关键词广告，完全可以实现与用户检索所使用的关键词高度相关，从而提升营销信息被专注的程度，最终实现营销效果的提升。

二、跨境电商中常用的搜索引擎介绍

（一）谷歌

如图 3-1-1 所示，谷歌搜索引擎是谷歌公司的主要产品，也是世界上最大的搜索引擎之一，为全球大部分国家和地区提供搜索服务，并在搜索市场中占据较大的市场份额。谷歌由两名斯坦福大学的理学博士生拉里·佩奇和谢尔盖·布林在 1996

图 3-1-1　谷歌搜索引擎

年建立。Google Ads 是谷歌最重要的广告产品。

谷歌搜索引擎拥有网站、图像、新闻组和目录服务 4 个功能模块，提供常规搜索和高级搜索两种功能。对于中国外贸企业来说，通过谷歌提供的广告，可以将广告产品信息向全球大部分国家用户投放，进而带来大量的询盘以及订单。可以说，谷歌是外贸企业进行海外推广、助力品牌出海的重要工具。

（二）微软必应

如图 3-1-2 所示，微软必应搜索引擎（Microsoft Bing），原名必应（Bing），是微软公司于 2009 年 5 月 28 日推出，用以取代 Live Search 的全新搜索引擎服务。为符合中国用户使用习惯，Bing 中文品牌名为"必应"。作为全球领先的搜索引擎之一，2013 年 10 月，微软在中国启用全新明黄色必应搜索标志并去除 Beta 标识，这使必应成为继 Windows、Office 和 Xbox 后微软品牌的第四个重要产品线，也标志着必应已不仅仅是一个搜索引擎，更将深度融入微软几乎所有的服务与产品中。2020 年 10 月 6 日，微软官方宣布 Bing 改名为 Microsoft Bing。

图 3-1-2　微软必应搜索引擎

（三）雅虎

雅虎（Yahoo）是美国著名的互联网门户网站，也是全球第一家提供因特网导航服务的网站，同时也是一家全球性的因特网通信、商贸及媒体公司。提供包括搜索引擎（如图 3-1-3 所示）、电子邮件、新闻等服务，业务遍及 24 个国家和地区，为全球超过 5 亿的独立用户提供多元化的网络服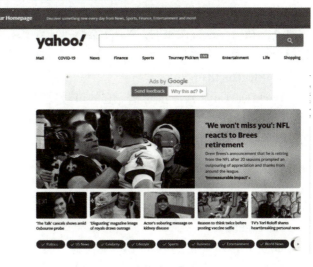

图 3-1-3　雅虎搜索引擎

务。雅虎是最老的"分类目录"搜索数据库，也是最重要的搜索服务网站之一。2003 年 3

月，雅虎完成对 Inktomi 的收购，成为 Google 的主要竞争对手之一。

（四）百度

百度是全球最大的中文搜索引擎（如图 3-1-4 所示），是中国最大的以信息和知识为核心的互联网综合服务公司，更是全球领先的人工智能平台型公司。百度 2000 年 1 月 1 日创立于中关村，公司创始人李彦宏拥有"超链分析"技术专利，百度使中国成为美国、俄罗斯和韩国之外全球仅有的 4 个拥有搜索引擎核心技术的国家之一。作为全球最大的中文搜索引擎，百度每天响应来自 100 多个国家和地区的数十亿次搜索请求，是网民获取中文信息的最主要入口。百度以"用科技让复杂的世界更简单"为使命，不断坚持技术创新，致力于"成为最懂用户，并能帮助人们成长的全球顶级高科技公司"。

图 3-1-4　百度搜索引擎

（五）其他

1. Yandex

Yandex 是俄罗斯最流行的搜索引擎，提供包括搜索、新闻、地图、百科、电子邮件、电子商务、互联网广告等服务。Yandex 搜索引擎因掌握了大量复杂的俄语语法而深受俄罗斯人喜爱，占俄罗斯国内市场的 55%，超过了俄罗斯 Google，同时 Yandex 也是欧洲第二大流行的搜索引擎。

2. Naver

Naver 是韩国知名搜索引擎，占韩国国内 75% 的市场份额，被誉为"韩版谷歌"。除了搜索，Naver 也提供许多其他服务，例如韩文新闻、电子邮箱等。Naver 还提供本土化搜索服务。在用户进行搜索时，Naver 会将搜索结果按照网站、新闻、博客、图片、购物等进行分类整理，过滤和拒绝了很多垃圾站点和垃圾信息。

3. DuckDuckGo

DuckDuckGo 非常注重隐私，它的口号就是"隐私，简化"（Privacy, Simplified），不储存任何个人信息，所以也没有广告轰炸。DuckDuckGo 目前每天的搜索使用次数为 2740 万，并在不断增长中。

4. AOL

AOL 是 "America Online" 的缩写，成立于 1985 年。面对谷歌在搜索领域的攻势，AOL 转而专注互联网媒体，但搜索业务仍存在。

5. Seznam

成立于 1996 年的 Seznam 在捷克流行，而且在谷歌进入捷克前一度是捷克的搜索领头羊，但目前只占了捷克 12.27% 的市场份额。

三、搜索引擎营销的基本步骤与方法

（一）搜索引擎营销的基本步骤

搜索引擎营销流程可以分为五个步骤，即制定 SEM 目标和策略、分析关键词和历史数据、制订推广计划、实施及监测广告投放和 SEO 效果、推广数据分析与优化，即 TAPLO 五步曲。其中，"分析"环节是整个 TAPLO——"优化流程再循环"的重心。

1. 目标（Target）——制定 SEM 目标和策略

受行业差异、市场地位、竞争态势、产品生命周期、消费人群特性等因素的影响，搜索引擎营销的目标和策略差异很大，但又对后续工作有着深远影响。所以在推广流程的开始，网站运营者需要明确以下信息：

（1）推广定位：塑造品牌形象、提升品牌知名度或产品促销等。

（2）目标受众：针对目标人群的精准营销（白领、学生、IT 从业人员等），可以让 SEM 事半功倍。

（3）推广策略：采用付费营销、自然营销还是网络整合营销模式？

2. 分析（Analysis）——分析关键词和历史数据

（1）根据目标受众确定关键词范围，分类整理、筛选出有价值的关键词，这可以发挥主观能动性或借助辅助工具来选择，极大节省了推广成本，提高了效率。

（2）分析关键词的历史数据，通过对比、评测，预估搜索引擎营销的消费、效果和趋势，提升 PPC（Pay-Per-Click，点击付费制）广告 ROI（投资回报率）和 SEO（搜索引擎优化）效果。

（3）通过对关键词的分析，如果发现初始 SEM 策略的不足之处，可以及时调整，这样不会影响到将来的推广计划。

注意："分析"是影响计划、执行和优化的方向，所以尤为重要，是整个 TAPLO——"优化流程再循环"的重心。

3. 计划（Plan）——制订推广计划

（1）根据之前的目标受众完成网站设计和制作。

（2）通过关键词和历史数据的分析，为网站推广活动设置合理的关键指标，即推广目标，比如总体访问量、平均点击费用、转化量、转化成本、平均访问停留时间等，如果是较长时间的投放，则需要将关键指标与推广相关各方达成共识。

（3）基于 SEM 目标和策略，考虑推广费用、时间、资源等客观因素，确定投放使用的关键词表，制定符合关键指标的最佳推广组合方案。

（4）完成推广效果监测系统的设定与测试。

4. 执行（Launch）——实施及监测广告投放和 SEO 效果

（1）一方面，选择合适的搜索引擎营销平台进行广告投放，例如，百度竞价排名、Google Ads 等；另一方面，SEO 也不容忽视，虽说短期内 SEO 效果不明显，不过从长远来看，SEO 仍是企业可持续发展的一大助力。

（2）跟踪、评估广告投放和 SEO 效果。协调 SEM 部门工作，收集来自各方的数据报告，实施每日投放数据和效果数据的紧密监测和细微调整，保持稳定的广告投放和关键词排名，避免大幅波动。

5. 优化（Optimization）——推广数据分析与优化

（1）每周、每月、每季度或在指定时间跨度进行数据汇总，生成 SEM 报告，陈述当前形势，进行趋势和效果的数据分析，与推广关键指标进行比对，指出取得的成绩与不足。

（2）基于历史数据、投放数据、效果数据分析及对市场认识的更新，有步骤地调整关键词、创意、账户结构、网站构架和内容、运营流程等不同层级，以达到或超越之前制定的推广关键指标。

（3）如有不可控因素存在，或预期与实际情况差异较大，就需要调整 SEM 策略或基准点，并与各方达成共识。

（4）基于数据报告和分析得到的结论，制定优化方案，取得各方确认后实施。

注意：优化不仅仅是对最初计划的裁剪，还需要基于新的数据分析和市场洞察设计新的尝试方向，使整个推广活动进入吐故纳新的正向循环，充分挖掘市场的潜力。

（二）搜索引擎营销的方法

1. 关键词竞价排名

竞价排名服务，是由企业为自己的网页购买关键词排名，按点击计费的一种服务，顾名思义就是网站付费后才能被搜索引擎收录，付费越高者排名越靠前。企业可以通过调整每次点击付费价格，控制自己在特定关键词搜索结果中的排名，并可以通过设定不同的关键词捕捉到不同类型的目标访问者。

2. 购买关键词固定排名广告

在搜索结果页面显示广告内容，实现高级定位投放，企业可以根据需要更换关键词，相当于在不同页面轮换投放广告。

3. 搜索引擎优化

通过对网站优化设计，使得网站在搜索结果中靠前，提升网站、产品的自然排名，从而获得更多流量，达到网站销售及品牌宣传的预期效果。常见的 SEO 手段分为内部优化和外部优化两种。网站内部优化包括 META 标签优化、内部链接优化和网站内容更新；外部优化包括保持外部链接类别的多样性、定期的外链运营和做好外链选择等。

4. 网站联盟广告推广

通过自动搜索匹配技术，企业广告可以遍布互联网的各个角落，例如门户网站、个人网站、论坛、博客等。不过并不是所有网站都能遍布这些角落，只有访问量大、人气高的网站才可以。而只有这样的角落，广告推广才能收到明显效果。网站联盟平台会帮助企业达到这一目标，企业不用担心技术问题，需要做的只是按照自身需求（即产品、企业性质）设定语言、地理区域、资金预算、投放时间等，提交给网站联盟平台，然后提交给网站联盟平台就可以了。

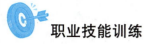
职业技能训练

1. 训练目标

(1) 能够进行搜索引擎营销前期调研分析。
(2) 根据调研,总结出搜索引擎营销的推广手段。

2. 训练内容

组建 4~6 人的跨境搜索引擎营销团队,每个团队分别调研一家出口跨境电商公司,并完成表 3-1-1。调研内容如下:

(1) 了解该公司的产品和服务针对哪些用户群体;
(2) 调研目标群体习惯使用什么搜索引擎;
(3) 了解目标群体的搜索习惯;
(4) 分析目标群体最关注产品的哪些特征。

表 3-1-1 搜索引擎营销前期调研分析

调研公司名称	目标群体	目标群体常用的搜索引擎	目标群体的搜索习惯	目标群体关注的产品特征
总结				

任务评价

1. 本次任务的技能点评价（如表 3-1-2 所示）

表 3-1-2　本次任务的技能点评价

序号	技能点评价	佐证	达标	未达标
1	搜索引擎营销的概念	能够熟练掌握搜索引擎营销的概念		
2	跨境电商中常用的搜索引擎介绍	能够熟练掌握几种常用的搜索引擎		
3	搜索引擎营销的基本步骤	能够熟练运用搜索引擎营销进行营销推广		

2. 本次任务的素质点评价（如表 3-1-3 所示）

表 3-1-3　本次任务的素质点评价

序号	素质点评价	佐证	达标	未达标
1	创新意识	能够在搜索引擎营销中融入具有创意的思路和内容		
2	协作精神	能够和团队成员团结协作，共同顺利完成实训		
3	资源的查找、整合能力	能够进行相关资源的查找和整合		
4	职业道德、法律意识	能够掌握精准的搜索引擎营销步骤、方法		
5	严谨的工匠精神	能够准确分析搜索引擎营销案例		
6	自我学习能力	能够运用搜索引擎营销的相关知识和技能		

任务二 搜索引擎关键词广告

 任务描述

小王所在的公司跨境营销部门的跨境搜索引擎营销团队在熟悉了搜索引擎营销的概念、种类和方法之后，就要开始完成搜索引擎推广过程的相关任务了。那么如何通过搜索引擎关键词广告来进行跨境营销推广呢？通过本次任务，对关键词广告的原理和竞价广告排名的实施过程做更多的了解。

知识嵌入

一、关键词广告概述

（一）概念

关键词就是用户浏览网页时，在搜索引擎上输入能满足用户需求，能迅速帮助用户搜索到想要的相关资讯，并帮助企业获得合理的商业利益的有力工具。关键词广告，是一种付费搜索引擎营销方式，按照点击次数收取广告费，也可以称为搜索引擎广告、付费搜索引擎关键词广告。当用户利用某一关键词进行检索时，在检索结果页面会出现与该关键词相关的广告内容。由于关键词广告具有较高的定位，因此其效果比一般网络广告要好。

（二）分类

1. 固定排名

固定排名广告是指当用户进行关键词检索时，企业按照预先支付给搜索引擎的固定排名广告费，在用户检索结果的相关固定位置出现企业的网站。

2. 竞价排名

竞价排名是一种按照效果付费的网络推广方式，按照给企业带来的潜在用户访问数量计费，企业可以灵活控制网络推广投入，获得最大回报。

一般来说，市场占有率高、企业广告资源丰富的搜索引擎服务商采用竞价广告排名模式；而市场占有率低、企业广告资源匮乏的搜索引擎服务商采用固定广告排名模式。

二、关键词广告的技巧

1. 认真筛选关键词

筛选关键词是影响广告效果的关键步骤。企业应该认真揣摩潜在用户的搜索心理，多收集一些关键词，再利用百度推广工具等筛选出搜索量大、转化率高的关键词。另外，不要担心选择关键词的数量多，只有选择精准，才可以覆盖到更多用户。

2. 注重长尾关键词广告

从流量最大化的角度来看，长尾关键词的流量是最需要注意的。虽然它的搜索量不大，但是每个用户使用它的意图都是比较明确的。所以，在关键词广告中，不要投入太多的精力去优化热门关键词,这样无疑会让你流失掉 50% 属于你的流量,而是需要摒弃陈旧观念,懂得让流量"顺势而流"。

3. 围绕关键词撰写相关内容

关键词广告,内容是必不可少的,它能更加清晰地解析关键词内容和解开用户的疑惑。所以,关键词广告,必须围绕关键词撰写相关原创内容,最好多站在用户的角度去思考问题,撰写相关内容,吸引用户及搜索引擎的关注及访问。

4. 合理布局关键词数量

虽然说关键词布局的数量越多,越能覆盖到更多的用户。但是,搜索引擎判断关键词,也有自己的一套体系,即关键词的布局必须合理,不能出现明显的作弊行为。所以,关键词广告,一个页面保持在 3~5 个关键词即可,同时保持段与段之间、句与句之间有逻辑性和条理性。

 三、 Google Ads 投放

Google AdWords 是谷歌搜索引擎营销广告项目品牌,它是一种通过使用 Google 关键字广告来进行网站推广的付费网络推广方式,可以选择包括文字、图片及视频广告在内的多种广告形式。谷歌于 2018 年 7 月正式将 Google AdWords 更名为 Google Ads。除了整合现有的所有广告功能,新的 Google Ads 还增加了 Google、YouTube、GoogleMap、Gmail、GooglePlay 等更多平台资源。

(一) Google Ads 主要类型

1. Google 关键字广告

Google 关键字广告是常见的搜索引擎关键词广告,它的优势在于精准。

例如一家"包装机"工厂投放谷歌关键字广告时,可以买到关键字"包装机制造商"。如果有人在 Google 搜索这个关键字,就会显示这家工厂的广告。Google 关键字采用竞价、点击付费的方式。因为每个关键字的竞争程度不同,所以每个关键字的点击成本也不同。Google 搜索结果页面上带有"广告"或"ad"字样的搜索结果为 Google 关键字广告,如图 3-2-1 所示。

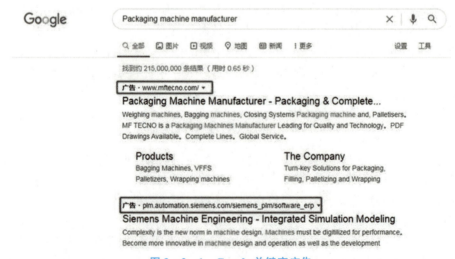

图 3-2-1 Google 关键字广告

2. Google 视频广告

视频广告就是把产品的视频广告放在 YouTube 平台或者 Google 的合作网站上（如图 3-2-2所示），根据产品的特点来决定应该让谁看视频。比如一家机械设备制造商，可以给对"机械设备"感兴趣的人投放广告，也可以给在 YouTube 上搜索"机械设备"的人投放广告。近年来，视频广告因其强大的表现力越来越受到外贸企业的青睐。

图 3-2-2　Google 视频广告

3. Google 展示广告（GDN）

浏览网站时，经常会在页面上看到一些广告。这些长宽不同的图片广告大多是 Google 展示广告，如图 3-2-3 所示。Google 称，展示广告网络覆盖全球 90% 的互联网用户，并扩张 200 万个网站。Google 展示广告的特点是可以快速获得海量曝光，广告可以定位到曾经访问网站的人，有效地进行再营销。通过设置，展示广告可以出现在相关行业网站上，可以有效提高广告转化率。

图 3-2-3　Google 展示广告

4. Google 购物广告

这是一个基于产品的 Google 广告类型，如图 3-2-4 所示。广告展示跨越 Google 搜索结果页面和购物页面，是 Google Ads 平台的一部分，是专门为 C 端零售卖家推出的广告类型，其目的主要是方便用户在网上搜索、比较、轻松购买产品。

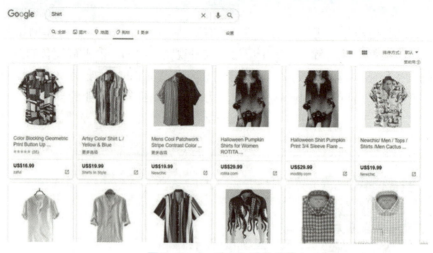

图 3－2－4　Google 购物广告

5. Google 应用广告

Google 应用广告是针对需要推广应用的广告商的一种广告形式。通过 Google 应用广告，可以在 Google 搜索、YouTube、Google Play 和许多其他在线平台上推广 iOS 或 Android 应用，以获得更多下载。

（三）Google Ads 投放步骤

1. 注册 Google Ads 账户

要推出 Google Ads 需要有一个 Google Ads 广告账号，然后根据业务需求创建一个广告系列，如图 3－2－5 所示。而且，只需要一个 Google Ads 账号，就可以使用 Google 下的所有产品，包括 Gmail、Google Ads、Google Drive、Google Calendar 等。

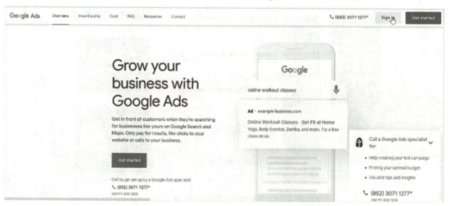

图 3－2－5　Google Ads 首页

2. 打造一个广告系列

注册 Google Ads 账户后，可以登录 Google Ads 后台，点击广告系列栏中的"＋"，创建新的广告系列，如图 3－2－6 所示。"广告系列"是 Google Ads 账号下最大的广告级别。为了更好地管理用户的广告账户，可以根据用户的不同需求，如投放区域、产品系列、关键字类型、推广目标等，创建不同的广告系列，从而针对不同的需求做出不同的创意和登录页面，达到更好的推广效果。

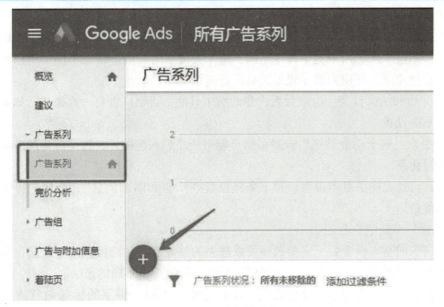

图 3-2-6　创建新的广告系列

创建一个广告系列后,可以根据每个广告系列的特点,上传不同的关键词,写出不同的广告创意。

3. 选择要创建的广告类型

创建新的广告系列后,系统将进入第二步,即选择要创建的广告类型,需要根据推广目标、行业和产品特点来确定想要投放的广告类型。目前,Google Ads 将广告类型分为搜索、显示、购物、视频、应用、智能和发现。一般建议外贸企业从搜索广告入手,就是 Google 关键字广告。

使用 Google 搜索的用户有很强的"目的性"。比如在 Google 搜索"包装机供应商"的用户,成为"包装机"买家的概率更高。搜索广告是用户主动寻求企业的产品,这个需求很明确,做广告的时候准确率会更高。所以下面的操作流程也以搜索广告为例。

4. 选择要达到的目标

每个人在使用 Google Ads 时都有不同的目标,有些是为了增加网站流量和曝光度,有些是为了增加通话次数和 App 下载量,所以需要选择合适的目标,Google 会尽力帮助实现设定的目标。

比如主要目标是"潜在用户",子目标是"通话次数",在进行广告活动时,会看到"电话号码"等有助于实现这一目标的功能。

5. 关键字广告设置

在投放广告之前应该设置以下选项:

(1) 区域:可以设置想放进去的区域,比如美国、英国等;还可以设置想要排除的区域,排除区域的人将无法看到广告。

(2) 语言:可根据目标区域市场的语言进行选择。

(3) 预算:可以根据推广需求设置广告账户的日预算和广告系列的日预算。

(4) 投标:有三种投标方式可供选择。如果在 Google Ads 方面没有太多经验,则可以在推出时使用点击付费。如果担心花钱太快,也可以设置一键竞价上限,避免竞价过高导致账户消费过高。

合理地出价，广告才能正常显示。比如把单次点击上限设为 5 元，Google Ads 每次点击收费不会超过 5 元。由于竞争程度不同，每个关键字的点击价格也不同，所以可以参考系统给的竞价建议，使用关键字规划工具进行竞价。

（5）开始和结束日期：应该设置广告的结束日期，否则广告将一直播放。如果没有要求，可能不会设置。

（6）受众：这个功能是把广告展示给可能对产品感兴趣的人，提高广告的准确性，提高广告的转化率。

至此，已经完成了基本设置，接下来将设置"广告和附加信息"，为用户提供更多的信息，如促销。

6. 创建一个新的广告组

完成广告的基本设置后，需要选择要放进去的关键字。在选择关键字之前，需要创建新的广告组，如图 3-2-7 所示，并根据不同的广告组写出不同的想法。

需要注意的是，关键字不要放在同一个广告组，不同关键字的标题创意应该是不同的。通过不同的广告群体，可以树立各种不同的广告理念。

如果只成立一个广告组，广告创意也会一样，对广告的点击率产生不利影响，可能导致广告点击率低，甚至影响关键字的质量评分。

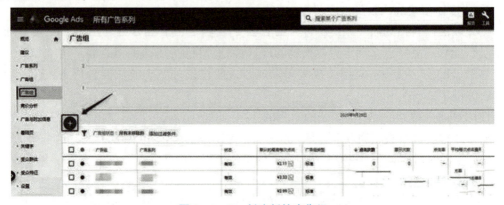

图 3-2-7 创建新的广告组

7. 上传关键字

在账号后台的"搜索广告关键字"一栏添加需要推广的关键字，如图 3-2-8 所示。这里要特别注意关键字的匹配类型。

关键字匹配方式设置不好，会造成很大问题：匹配方式太窄，会导致点击次数太少；匹配方式过宽，会导致广告呈现不准确，浪费大量广告费。

关键字匹配有三种方式：广泛匹配、短语匹配和完全匹配。以关键字"阀门供应商"为例：

阀门供应商 = 广泛匹配。

"阀门供应商" = 词组匹配。

[阀门供应商] = 完全匹配。

图3-2-8 添加关键字

（1）广泛匹配。所谓广泛匹配，就是只要Google判断关键字与"阀门供应商"有关，广告就会显示出来。Google还会在一些奇怪的搜索词中显示广告，例如：

◇阀门供应商。

◇阀门图片。

◇阀门原理。

后两个搜索词根本不是想购买阀门的人搜索的。如果搜索"阀门原理"的人进入网站，没有购买需求，就会浪费广告费。默认情况下，Google关键字设置为广泛匹配，因此需要在启动前进行调整。

（2）短语匹配。短语匹配会在用户搜索购买的关键字和相关关键字时显示广告。以"阀门供应商"为例：

◇中国阀门供应商。

◇阀门供应。

使用短语匹配时，以上两个关键字可以触发"阀门供应商"的关键字广告，但如果用户搜索"阀门制造商"，则广告不会显示。

（3）完全匹配。完全匹配很简单，当设置的关键字是"阀门供应商"时，只有当用户搜索关键字"阀门供应商"时，才会显示广告。

8. 针对不同广告组设计不同的广告创意

广告创意的设计也是一门大学问，为了节省创建时间，可以先去Google查询这个关键字下其他广告创意是如何编写的，在借鉴优秀广告创意的基础上，编写出更加富有吸引力的标题。广告创意设定界面如图3-2-9所示。

9. 发布广告

广告被发布后，并不会马上出现在Google搜索结果页面上，Google会先进行审核，审核完之后广告才能被展现出来，然后在搜索时才能看到发布的广告。

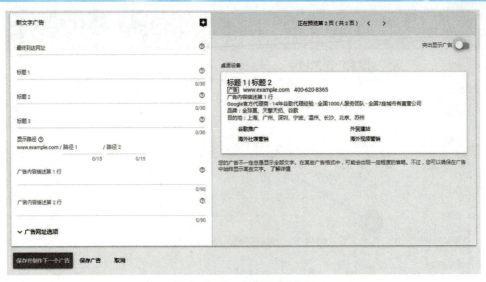

图3-2-9 创意设定界面

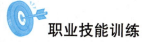
职业技能训练

1. 训练目标

(1) 培养学生具备跨境搜索引擎营销的意识和分析、解决问题的能力。

(2) 培养学生具备使用关键词推广的能力。

2. 训练内容

某公司为了进一步扩大公司及公司网站的知名度,决定采用搜索引擎营销方式进行公司网站和产品的推广。请帮助该公司完成搜索引擎营销任务的实施,并制作一份搜索引擎推广方案。

任务评价

1. 本次任务的技能点评价(如表 3-2-1 所示)

表 3-2-1 本次任务的技能点评价

序号	技能点评价	佐证	达标	未达标
1	关键词广告的概念和分类	能够熟练掌握关键词广告的概念和分类		
2	关键词广告的技巧	能够熟练掌握关键词广告的技巧		
3	Google Ads 投放	能够熟练掌握 Google Ads 的种类和投放步骤		

2. 本次任务的素质点评价(如表 3-2-2 所示)

表 3-2-2 本次任务的素质点评价

序号	素质点评价	佐证	达标	未达标
1	创新意识	能够在搜索引擎营销方案的设计中体现创新思维		
2	协作精神	能够和团队成员协商合作,共同完成实训		
3	资源的查找、整合能力	能够进行相关资源的查找和整合		
4	职业道德、法律意识	能够掌握相应的搜索引擎营销的技巧和规范		
5	严谨的工匠精神	能够在跨境搜索引擎营销案例中做出精确分析		
6	自我学习能力	能够运用跨境搜索引擎营销的相关知识和技能		

任务三　搜索引擎优化

 任务描述

小王所在的公司跨境营销部门的跨境搜索引擎营销团队在完成搜索引擎推广过程的相关任务后，就要开始为公司完成网站优化的任务了，包括网站内容的优化、网站结构的优化、网站外部的优化等。通过本次任务，对搜索引擎优化的步骤和技巧做更多的了解。

 知识嵌入

 一、SEO 的概念

SEO，是由英文 Search Engine Optimization 缩写而来的，中文译为"搜索引擎优化"。SEO 是指通过搜索引擎的营销思路，为网站提供个性化生态式的营销解决方案，最终的目的是使得网站在行业内占据领先地位，从而提高品牌收益。

 二、SEO 的作用

（一）帮助网站广告盈利

目前大多数网站的盈利方式仍是网络广告，尤其以资源站、新闻站、下载站等类型网站为主。

（二）帮助网站自身产品盈利

大多数企业在网站上不做广告，而是宣传自身公司形象，或者销售自己的产品。

（三）树立企业品牌

许多人都清楚 SEO 能给网站带来流量，但是这种流量是暂时的，让更多的人知道网站才是长久的，这就是树立企业品牌。

（四）处理信任危机

在激烈的互联网中，网站或公司不可能全部是正面评价，也有用户或竞争对手的负面评价。当这些负面信息获得很好的排名的时候，就会影响公司或网站的信誉度，而 SEO 能很好地解决这一问题，即让带有相同关键词的正面信息排在负面信息的前列。

 三、SEO 推广步骤

（一）关键词分析（也叫关键词定位）

这是进行 SEO 最重要的一环。关键词分析包括关键词搜索量分析、竞争对手分析、关键词与项目相关性分析、关键词布置、关键词排名预测。

(二) 网站架构分析

网站架构符合搜索引擎的爬虫喜好则有利于 SEO。网站架构分析包括剔除网站架构不良设计、实现树状目录结构、网站导航和链接优化。

(三) 网站目录和页面优化

SEO 不只是让网站首页在搜索引擎有好的排名，更重要的是让网站的每个页面都带来流量。

(四) 内容发布和链接布置

搜索引擎喜欢有规律的网站内容更新，所以合理安排网站内容发布日程是 SEO 的重要技巧之一。链接布置则把整个网站有机地串联起来，让搜索引擎明白每个网页的重要性和关键词。

(五) 与搜索引擎对话

通过搜索引擎查看 SEO 的效果，通过"site：域名"了解站点的收录和更新情况。为更好实现与搜索引擎对话，建议采用百度站长平台、Google 管理员工具、神马站长平台等。

(六) 网站流量分析

分析 SEO 效果，并在此基础上制定下一步的 SEO 策略，同时对网站的用户体验优化也有指导意义。流量分析工具，如百度官方工具——百度统计。

SEO 是这六个步骤循环进行的过程，只有不断地进行以上六个步骤才能保证让站点在搜索引擎有良好的表现。

四、Google SEO 推广技巧

(一) 写好网页标题

网页标题既是搜索引擎判断网站内容的首要元素，也是能够让用户快速了解网站主题的重要元素。

(二) 做好网站内容

网站内容对 Google SEO 排名是很重要的。应该制作与关键字全方位相关、更全面的内容提供给用户，而不是只局限于关键字本身的内容，这样不仅符合 Google 的搜索算法，也能更好地满足用户对信息的获取需求。

(三) 优化网站链接

要做好 Google SEO，链接优化也是一个很重要的操作。除了网站内链和外链，友情链接也会影响 Google 排名。

做好网站的内部链接，一是可以有效地引导 Google 对网站内容进行很好的抓取，二是可以给网站权重进行导向，提高某些页面的权重，以此提高其在 Google 的排名。

（四）优化网站速度

网站速度对 Google 排名有直接影响，移动端的网站加载时间最好控制在 2 秒以内，PC 端的网站加载时间最好是在 3 秒左右。

这家河南企业将手工地毯卖到外国总统府

益隆地毯公司位于河南南阳，是一家私营企业。1987 年，该公司总经理韩建立掌握了一些编织手艺，就义无反顾地带着 6 名员工开始创业。现在，公司已经在南阳地区拥有 9000 多名编织工。"这些编织工都是合作式的，我们给出图案、材料，她们用闲暇时间进行手工编织。一般的编织工一个月可以拿到人民币 1000 多块钱，而熟练的编织工则能拿到 3000 多块钱。这使附近山区农民的收入大大增加，他们很多人都摆脱了贫困。"韩建立说。

益隆地毯公司的海外优质高端客户有 700 多家，在这些客户中最让他感到惊讶的是哈萨克斯坦在阿斯塔纳的新总统府用了他们的地毯。至于总统府的设计师是如何远隔千山万水找到了这样一家不起眼的河南地毯商的，韩建立这样告诉记者，"我们产品通过 Google 在全世界进行推广。而哈萨克斯坦新总统府的设计师 Elena 当初恰恰通过网络搜索寻找供应商，然后她就发现了我们。之后她亲自来到南阳考察并定制了总统府所需的地毯。"

韩建立介绍，织一条手工地毯非常不容易，一个工人一天织 12 个小时，一个月也只能织出 4~6 平方英寸的地毯，因此产品只能卖给高端客户。他们一直在尝试寻找国外的高端客户人群。最开始是通过展会进行销售，但效果不理想，企业举步维艰。但进入互联网时代后，他们开始尝试通过互联网推广手段，进行营销。最后他们选择了 Google Ads 作为自己的营销平台。"目前，我们的地毯已经卖到了 60 多个国家，年销售额从最初的 70 多万美元发展到 1000 多万美元。"

现在通过与 Google 的合作，他们的产品可以直达客户，他们以后还会增加与 Google Ads 的合作，并且长期合作下去。谷歌大中华区中小企业市场部经理章梦婕说："Google 中国一贯以来致力于促进中国外贸企业通过网络进行精准销售，这几年在'一带一路'倡议下，网上'一带一路'也日益火爆。选择 Google Ads 进行网上销售的中国外贸企业也越来越多。希望 Google 可以助力中国中小企业走出国门，为'一带一路'的贸易畅通贡献 Google 一己之力。"

分析提示

Google 中国一贯以来致力于促进中国外贸企业通过网络进行精准销售,Google Ads 帮助越来越多进行网上销售的中国外贸企业找到了自己的优质客户。

 笔记区

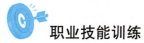
职业技能训练

1. 训练目标

（1）培养学生具备跨境搜索引擎营销的思维。

（2）培养学生具备搜索引擎优化的能力。

2. 训练内容

临沭县某工艺品有限公司是一家生产各类草、柳、竹、藤手工艺品的企业，公司成立于2001年，通过了ISO 9002质量体系认证，目前产品主要销往欧美、东南亚、非洲等和地区。公司以诚信经营为准则，以产品高质量为基准，迎来国内外众多终端客户的长期合作。为了开拓国际市场，扩大公司和公司网站的知名度，临沭公司打算采用搜索引擎优化来进行公司网站和产品的推广。请帮助该公司完成搜索引擎优化过程中相关任务的实施，制作一份搜索引擎优化方案。

1. 本次任务的技能点评价（如表 3-3-1 所示）

表 3-3-1　本次任务的技能点评价

序号	技能点评价	佐证	达标	未达标
1	SEO 的概念和作用	能够熟练掌握 SEO 的概念和作用		
2	SEO 的推广步骤	能够熟练掌握 SEO 的推广步骤		
3	Google SEO 推广技巧	能够熟练掌握 Google SEO 推广技巧		

2. 本次任务的素质点评价（如表 3-3-2 所示）

表 3-3-2　本次任务的素质点评价

序号	素质点评价	佐证	达标	未达标
1	创新意识	能够在 SEO 推广中体现创新思维		
2	协作精神	能够和团队成员协商合作，共同完成实训		
3	资源的查找、整合能力	能够进行相关资源的查找和整合		
4	职业道德、法律意识	能够掌握相应的 SEO 推广的技巧和规范		
5	严谨的工匠精神	能够在 SEO 推广案例中做出精确分析		
6	自我学习能力	能够运用 SEO 推广的相关知识和技能		

Google 启示录：技术改变世界，开发铸就生态

从 2004 年至 2020 年年底，Google 市值从 230 亿美元涨到 1.2 万亿美元。Google 旗下的 Google 搜索等应用全球用户规模达到数十亿。2006 年，Google 作为动词出现在牛津词典中。毫无疑问，Google 近 20 年来深度影响了全球人民的生活。

一、Google 搜索的腾飞：公司文化和产品理念基本定型

很多公司做起来规模之后才开始思考公司的使命和文化，而 Google 几乎从公司成立早期就确立了属于自己的文化。例如，还在车库办公时期，墙外就贴着一句口号："To organize the world's information and make it universally accessible and useful。"实际上，这句话仍然原封不动放在 Google 官网介绍主页上，作为公司使命。而 Google 后续诸多布局都与丰富 information、增强 organize 的效率，以及降低信息本身消费门槛密切相关。

Marissa Mayer 是 Google 第 20 号员工，也是 Google 培养的杰出产品经理，她在作为 Google 产品 VP 时收到了一系列奇怪的邮件，邮件内容每次只有一个数字，例如 37、53 等，这吸引了她的注意力。再后来，她发现这些数字代表每次更新后 Google 首页的单词数量，再后来 Larry 和 Sergey 也知道了这个故事，他们把 Google 首页最大的单词数设定在 28。Google 对产品的极简主义和苹果设计理念不谋而合。

正如其他 ToC 类互联网巨头发展历程一样，Google 发展速度令人侧目——成立 2 年后，Google 成为世界第一搜索引擎。到 2000 年，Google 一天处理 1500 万次搜索。

二、Google 商业化变现：开创性推出个性化广告，竞价排名系统

Larry 和 Sergey 早期对广告是抵制的，Larry 早期甚至觉得搜索引擎应该是由 Non profit 机构来运营，才能保证搜索结果客观和准确。此外，与 Zuckerberg 类似的，两位创始人都讨厌门户网站的展示类广告，认为对用户极度不友好。由此，Google 从 1998 年成立之后 2 年内，广告商业化进展有限，收入主要来自给 Yahoo 等平台授权搜索引擎使用费。

1. 个性化广告诞生

两位创始人逐渐发现，广告本身也是一种信息，如果能够把广告本身和有消费需求的消费者匹配起来，也是一件符合 Google 公司使命的事情，而 Google 得天独厚的条件是，用户在搜索关键字时自带某种消费心智，从而大大提高了转化率。于是 2000 年年初，Google 开始试验个性化广告，但公司仍然需要更多广告客户。

2. 广告排名系统

传统的广告投放体系依赖广告代理公司，广告价格由人为决定，很难规模化，特别是面对互联网井喷式增长，找多少销售都不够用。基于技术基因，Google 推出了自己的广告竞价排名系统，广告代理公司甚至商家可以自行在系统投放广告，而系统会根据实时竞价决定相应价格和排序。2000 年 10 月，Google 推出了 AdWords，当时只有大约 350 个广告主，却是一款划时代的产品，奠定了整个互联网广告的基础逻辑。关于竞价排名体系从固定定价到竞价排名转变，2001 年加入的 CEO Eric，还表示过反对（他怕会降低单价，从而降低收入），两位创始人坚持推行这一系统，最后结果是单日

收入增加了一倍（竞价排名实现了广告投放去中介化，且机器定价代替人工，实现了效率优化）。

3. 从展示模型到 Pay – Per – Click 模型

传统广告模型基于展示付费，对于后续转化不负责。但 Google 更进一步，推出了 Pay – Per – Click 模型，实现了双赢局面——一方面商家直接为点击付费，离转化更进一步；另一方面，对于 Google 来说，展示×点击率＝点击次数，如果能够通过提高效率提升点击率，则可以用更少的展示实现同样的收入，既保证了收入，又提升了用户体验，符合 Google 价值观。

4. 给广告内容本身打分

最初竞价排名体系是价高者得重要位置的逻辑，但 Larry 和 Sergey 很快意识到 PageRank 的逻辑也可以用到广告上，也就是单独建立一个广告内容排名系统，给每一个广告一个质量分，由此基于广告质量分和竞价两个因素进行广告投放，从而实现了前面提到的点击率提升（优化了用户体验），同时保证了收入。

5. Adsense 广告联盟推出

广告能力溢出使得 Google 开始思考将其应用在其他网站上，Sergey 对这个想法很感兴趣，他选择收购了一家做类似业务的 Applied Semantics 公司。2003 年，Google 推出了 Adsense 广告联盟。再后来，Google 在 2007 年以 31 亿美元收购 Doubleclick，增加了展示类广告。

6. Google 商业化腾飞

Google 搜索创造了全新的广告场景，随着其流量飞涨，同时其 AdWords 广告理念兼容了用户体验、转化效率、商家投放体验。使用机器定价，对传统投放模型有降维打击优势，其商业化腾飞也成了自然而然的事情。Google 商业化成功几乎实现了用户、商家、公司三赢的局面，而这背后的基础逻辑是什么？——科技的变革，以及两位创始人对这一点坚定不移的执行。

项目四　跨境电子商务社交媒体营销与策划

【知识目标】

(1) 了解 TikTok、Facebook、Youtube、Instagram 社交媒体平台的特点。

(2) 掌握 TikTok、Facebook、Youtube、Instagram 社交媒体平台的营销策略。

(3) 掌握 1+X 跨境电商 B2C 数据运营和 1+X 跨境电商海外营销职业技能等级证书中相关社交媒体营销的知识点。

【能力目标】

(1) 具备采用跨境社交媒体平台对商品或店铺开展营销推广的能力。

(2) 具备优化和创新营销方案的能力。

(3) 掌握 1+X 跨境电商 B2C 数据运营和 1+X 跨境电商海外营销职业技能等级证书中相关社交媒体营销的技能点。

【素质目标】

(1) 了解中国品牌采用社交媒体平台进行营销推广的案例,培养跨境电商助推品牌出海的社会责任感和使命感。

(2) 能够对跨境营销岗位有更加深入的认知,培养诚实守信、爱岗敬业的职业素养。

```
                                           ┌─ 任务一  TikTok营销与策划
                                           ├─ 任务二  Facebook营销与策划
  项目四  跨境电子商务社交媒体营销与策划 ──┤
                                           ├─ 任务三  Youtube营销与策划
                                           └─ 任务四  Instagram营销与策划
```

国货美妆出海——花西子的故事

2021年4月13日，第一财经商业数据中心（CBNData）联合天猫金妆奖发布的《天猫国货美妆进击之路——2021美妆行业趋势洞察报告》显示，天猫淘宝海外2020"双11"的抢先购中，国货美妆出海增长超10倍。占据国货美妆出海销售榜首的是主打"东方彩妆"的花西子，据天猫海外数据，"双11"期间有来自100多个国家和地区的消费者购买花西子，其中"苗族印象"系列彩妆在11月1日一天成交额超百万。

2021年3月1日，花西子正式上线日本亚马逊销售，多款产品上线便被抢购一空。花西子一款国内售价为219元的口红产品"同心锁口红"，在日本亚马逊售价达6129日元（约合人民币371元），该价格超过了奢侈品品牌香奈儿口红在日本亚马逊的售价——香奈儿口红同期在日本亚马逊的售价为5270日元（折合人民币315元）。

"同心锁口红"上线首日便挺进了日本亚马逊口红销售榜小时榜前三。此外，花西子蜜粉、高光等产品也相继挤进亚马逊小时榜销售榜前10。部分单品还引发了日本消费者的反向代购，据公司多位用户反馈，苗族印象礼盒价格更是从900元人民币甚至被炒到了2000元人民币。

花西子最早在日本市场引起反响是在2019年。当年，花西子推出了"西湖印记定制礼盒"，这款礼盒以"西湖十景"为灵感，将西湖之景印入产品，并复刻江南纸雕工艺，定制热门产品。

在上线亚马逊日本之后，花西子联合多位日本博主在社交媒体上制造话题，以"花西子""花西子日本上陆"话题发推文进行商品推荐。在社交媒体渠道之外，花西子大屏广告曾出现在东京涩谷、新宿等知名潮流商区，甚至也登上了时尚杂志《VOGUE》日本版。

为何出海第一站选择日本？花西子表示，主要有三大原因：一是日本同属亚洲文化圈，在文化和审美上有较高认同；二是东西兼容的日本可作为未来打入欧美市场的试金石；三是在正式上线前，公司产品已在日本引发关注。且从上线的市场和用户反馈看，"日本用户对花西子的产品都十分认可。"

除了日本市场，花西子在海外也在不断尝试和用户互动。在线上，花西子陆续在社交平台TikTok、Facebook、Instagram、Twitter上发布帖子和国外消费者互动，为品牌积攒种子用户。

在海外市场，也有部分KOL（关键意见领袖）对花西子起到了推动作用。英国彩妆师 Wayne Goss 在社交媒体上表达了对花西子产品的喜爱，引发了部分海外用户的关注。2020 年 10 月，海外主流视频平台和社交媒体上，出现了大量"种草"和求购花西子"苗族印象"产品的帖子。

从花西子在 Facebook 上的发帖可以看出，一些有强烈中国元素的单品会有较多用户点赞和跟帖，而其他相对日常的产品互动则要少很多，如口红单品点赞能达到 1.4 万，而日常的粉底单品则才 1700 多，可见海外用户对中国特有元素较为追捧，这或许亦是花西子在海外的方向之一，即打中国元素的差异化。

目前花西子在社交媒体上的发帖以发图为主，多为产品推荐，并未呈现太多内容运营，从 2020 年下半年开始，花西子的海外互动量开始提升。在 Facebook 的美国和日本的账号，以及在 Instagram 上的发帖内容差别不大，基本是相似内容的同步。一些网友还反馈，官方账号回复慢，花西子目前或许也还没准备好大力运营海外市场。

目前花西子在海外销售的产品，还是以国内受消费者欢迎的产品为主，比如口红、高光和蜜粉等，花西子表示，未来会本土化发展，根据不同地区推出适合当地消费者的产品。对于海外消费者对花西子产品的评价，官方表示，第一个理由是喜欢东方设计，其次是产品实用，在海外市场的主要差异化是独具东方文化特色，在视觉上独具特色。

目前花西子在海外也还处于用户互动阶段，对于未来的海外布局，花西子表示，日本是第一站，后续其他国家也会相继布局，只有对一个市场有足够了解才会有序布局。

对于如何运营海外市场，花西子方面表示，海外用户的增长策略，目前还处于探索阶段。当然即便海外的每个国家或地区会有很大不同，但有些是共通的，比如海外社交媒体营销是有效途径，通过在社交媒体上展现品牌能带来较好的效果。

在策略上，花西子在国内是以线上为主，到海外，也同样从线上开启。花西子用户多为女性，女性消费者的主要购物渠道是线上，在线上更易触达消费者，且线上触达范围更广。

（资料来源：亿邦动力。https://www.ebrun.com/20210430/432097.shtml）

 分析提示

品牌出海对中国本土美妆公司而言是新挑战，中国品牌需要突破国货的局限，成为一个世界品牌。而去国际市场上历练，采用国际主流的社交媒体营销手段去拓展市场或许是让中国品牌更强大的重要路径之一。

任务一　TikTok 营销与策划

 **任务描述**

小王在为公司完成了搜索引擎营销推广任务之后，开始探索如何通过社交媒体渠道为产品提升销量，首先，小王需要对 TikTok 做全面的了解。通过本次任务，掌握 TikTok 的特点、营销策略、广告投放方法和步骤等。

知识嵌入

一、TikTok 的特点

TikTok 是北京字节跳动旗下的短视频社交平台，于 2017 年 5 月上线。根据 Sensor Tower 的数据，截至 2021 年 7 月，TikTok（含抖音）在全球范围内下载量达到 30 亿次，位居社交媒体程序下载量的榜首，如图 4-1-1 所示。

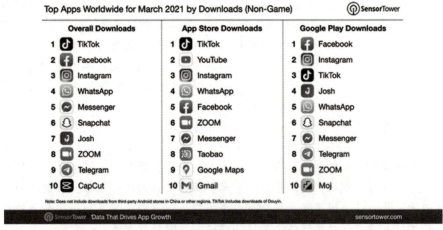

图 4-1-1　TikTok 下载量位居榜首

移动数据和分析公司 App Annie 发布的《2021 年移动市场报告》显示，TikTok 的上升趋势有望在 2021 年继续保持，预计在 2021 年，TikTok 的月活跃用户数不会仅限于 10 亿，而是有望破 12 亿大关，如图 4-1-2 所示。

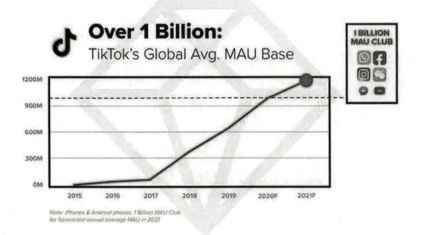

图 4-1-2　TikTok 的月活跃用户数

TikTok 主要用于查看和创建视频，每一个短视频时长为 30 至 60 秒，屏幕主体为上传者本人。软件提供一系列选项，将素材结合起来，包括用户自己用手机拍的视频，这些视频可以上传，通过用户工具在 App 内创建视频，并分享到其他社交媒体网站上。用户还可以玩转视觉滤镜、时间效果、分屏、绿屏、贴纸、GIF、表情符号等其他有趣的创意效果，如图 4－1－3 所示。

图 4－1－3　TikTok 的特点

 二、TikTok 的营销策略

TikTok 的商业化已在稳步发展。随着越来越多的内容创作者加入其中，网红也层出不穷，TikTok 的营销策略正在被越来越多的品牌接受和应用，品牌通过 TikTok 营销来打造品牌影响力，第三方跨境电商平台卖家也开始通过 TikTok 营销进行引流转化。那么品牌在 TikTok 中有哪些营销策略呢？

（一）发布短视频

卖家找到与产品相匹配的 TikTok 网红之后，与网红合作创作出 1 分钟左右的创意"种草"短视频，吸引用户观看的同时，展现产品的爆点，让粉丝产生强烈的购买欲望。同时，因为 TikTok 的特殊推荐机制，只要发布的视频足够优秀，网红的粉丝互动足够多，TikTok 算法就会将视频推荐到更大的流量池，进而提高视频曝光量和增加目标受众。而将网红和内容结合最大的优势在于，不仅可以将品牌推广至网红的私域流量中，还可以通过 TikTok 平台推送至更大的流量池，吸引更多的潜在用户。

（二）开启直播带货

相比较短视频营销方式，直播带货刺激用户消费的目的性更强一些，还可以更好地测试出卖家的需求性。通过 TikTok 网红直播带货，也能更有效地激起用户的购买欲望，由于对网红的信任和喜爱，大部分粉丝都愿意听从网红的意见到相应的页面选购。现阶段，印尼地区已经实现了国内的带货模式，即网红通过直播间向用户展示产品，用户可直接在购物车当前页面单击购物链接下单。Tikok 已经把国内成功的经验直接运用起来，如图 4－1－4 所示。

图 4－1－4　通过 TikTok 引流到产品购买页面

（三）发起标签挑战赛

品牌想在 TikTok 获得海量曝光，挑战赛必不可少。相对其他内容营销方式，挑战赛内容难度低、复制性强、传播速度快、音乐丰富。在 TikTok 上，80% 的用户喜欢参与挑战赛，因为品牌方一般都会在挑战赛中设有奖励，用户既能通过参加挑战赛的方式表达自我、抒发情感，还能赢得奖励。当优质的挑战赛资源位带来海量曝光，赢得高流量入口，用户就可以从 For You、Hashtag、Banner、In–Feed Ads 等界面找到它。

当然 TikTok 挑战赛需要和网红达人合作，选择与品牌相关的头部达人作为首位挑战者，再结合部分腰部达人发酵事件，通过他们的影响力吸引更多的用户来参与挑战。达人们本身就带有超高热度，作为关键节点，可以帮助挑战赛扩散到更多用户。他们既是挑战赛活动的第一轮参与者，也是第一股驱动力量。同时，邀请达人进行示范，可以给用户一个清晰模板，更加容易参与。在这过程中，既能够更加多元化地展现品牌的价值和品牌想要传播的内容，也提高了品牌效应，达到营销效果。图 4–1–5 所示为 Chipotle 发起的"翻盖子挑战"。

图 4–1–5　Chipotle 发起的"翻盖子挑战"

TikTok 话题挑战赛可以在不少营销场合使用，如新品发布、活动预热等。找到契合平台的活动调性，结合用户的兴趣点，TikTok 会带来更好的营销效果。

（四）开启 TikTok 广告投放

在 TikTok 上不止可以借助网红来引流获取免费流量，还可以通过付费流量一起推广。目前 TikTok 主流的付费广告类型包括了开屏广告、In–Feed 信息流广告和贴纸广告等，其中最常见的就是与网红相结合的 In–Feed 信息流广告。

IN–Feed 信息流广告有最长 60 秒的全屏广告，原生 UI 页面，自动有声播放，无须注册企业账号，投放更便捷，CTA 按钮可根据广告创意智能算色，并有 9 种定制文案可跳转至广告主落地页、站内页面或下载页。In–Feed 信息流广告会显示在用户滑动 TikTok 首页视频中，适合有品牌曝光需求的品牌。但当信息流广告与网红结合就不仅仅只有曝光的目的，还包括了引流转化等有效收益。

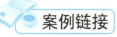

OPPO 发起的 "#Light Up F11Pro" 挑战赛

OPPO 一直致力于不断优化和创新手机拍照技术，是一个深受年轻人喜爱的国际摄影手机品牌。在 2019 年的春季，OPPO 推出了最新款 F11 PRO 智能拍照手机，即使弱光环境下也能拍摄出清晰明亮的人像。OPPO 希望能够在马来西亚打响这款新机型的知名度，让更多人投入互动活动中来。

TikTok 恰好在马来西亚拥有大批年轻用户，他们自带丰富创造力和想象力。基于这一点，OPPO 在 TikTok（如图 4-1-6 所示）上发起了第一个品牌活动——"#Light Up F11Pro" 挑战赛，以 Light Up 来诠释产品卖点，与消费者建立联结。

图 4-1-6 OPPO 的 TikTok 账号

与此同时，OPPO 在挑战赛中还植入了中英双语的品牌主题音乐，邀请明星、网红在 TikTok 平台上发布"拍照手势舞"，展现 F11 Pro 的强大拍摄能力的同时，更是引领了一波强势互动。OPPO F11 Pro 作为挑战赛的奖品之一，激励着马来西亚用户的积极参与，用他们的创意斩获丰厚的奖品，如图 4-1-7 所示。

图 4-1-7 用户参与挑战

#Light Up F11Pro 挑战赛以别出心裁的内容设计和参与度极高互动效果，成功帮助 OPPO 在马来西亚的年轻人群体中打开了 F11 Pro 的市场。短短 6 天时间里，该话题之下的视频浏览量超过 600 万次，7000 多名用户参与了话题视频的创作，获得了近 33 万个点赞。

（资料来源：知乎 。https://zhuanlan.zhihu.com/p/157732326）

分析提示

OPPO品牌快速入驻TikTok，通过灵活使用营销策略扩大了品牌效益。中国品牌想要成功出海，必须寻找海外当下最流行的营销渠道和营销策略，通过快速抢占新渠道才能建立起海外用户对中国品牌的认知度和忠诚度。而作为在全球风靡的社交媒体平台TikTok，必定是中国品牌不可错过的出海媒介之一。

笔记区

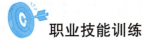

职业技能训练

1. 训练目标

掌握 TikTok 广告投放的方法和步骤。

2. 训练内容

按照下列步骤完成 TikTok 广告的创建和投放。

（1）创建一个 TikTok 广告账户。

要创建广告系列，需要访问 TikTok Ads 主页，然后单击"Create an Ad"按钮，页面会弹出一个表格，要求提供详细信息以设置账户。

（2）制作 TikTok 广告系列。

在 TikTok Ads 仪表板中，单击页面顶部的"Campaign"选项卡，然后单击"Create"按钮，如图 4-1-8 所示。

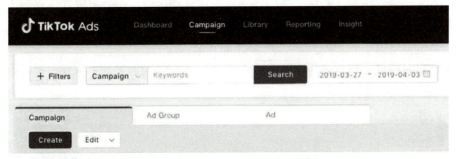

图 4-1-8　TikTok Ads 仪表板

接下来，选择一个广告系列目标，这是广告的主要目标。可以从以下三个选项中进行选择：流量、转化和应用安装量，如图 4-1-9 所示。

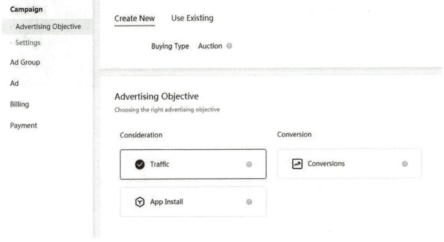

图 4-1-9　设置广告的主要目标

然后要为广告系列设置预算，需要选择设置下的每日预算或总预算选项。每日预算和总预算至少为 500 美元，如图 4-1-10 所示。

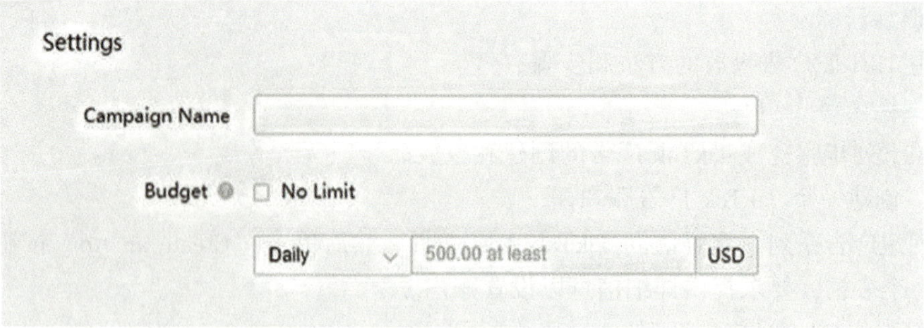

图 4-1-10　设置广告系列预算

（3）设置 TikTok 广告展示位置、详细信息和定位。

为广告系列制作一个广告组，然后选择展示位置和定位。TikTok 广告仪表板上可以选择要在其上投放广告的确切平台，不仅包括 TikTok，还包括其旗下的所有应用程序，例如 Vigo Video（只限印度）、BuzzVideo、News Republic 等。

还有一个自动展示位置选项，TikTok 会确定广告在哪些位置效果较好，并将其放置在该位置，如图 4-1-11 所示。

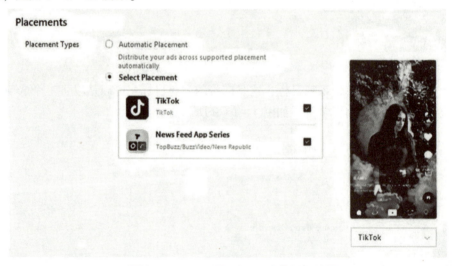

图 4-1-11　设置 TikTok 广告展示位置

选择展示位置后，需要按照提示输入开始投放广告所需的所有详细信息，包括所有相关的 URL、显示名称、图像和类别。还可以选择最多 20 个关键字来描述网站或应用，这些关键字将用于将产品与合适的受众群体进行匹配。可以使用"Targeting"选择广告的目标受众，设置位置、年龄、性别、语言、兴趣、设备等参数，以吸引合适的广告受众，如图 4-1-12 所示。

如果想将特定人群作为 TikTok 的目标受众，则可以通过上传现有 TikTok 用户的 ID 来创建自定义受众，只需以 CSV、TXT 或 ZIP 文件格式上传 ID 即可。

（4）设置 TikTok 广告预算、投放时间和目标。

如图 4-1-13 所示，可以在"Budget & Schedule"中设置广告预算和预定投放时段。

可以选择每日预算或总预算（广告投放期间花费的总金额），请注意，广告组级别的每日预算和总预算至少为 50 美元；可以选择在每天或每周的特定时间投放广告。

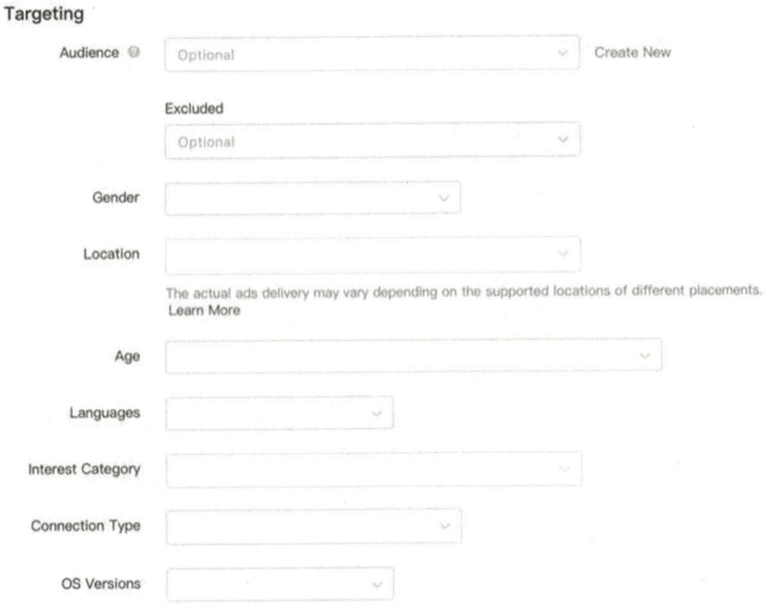

图 4-1-12　设置目标受众

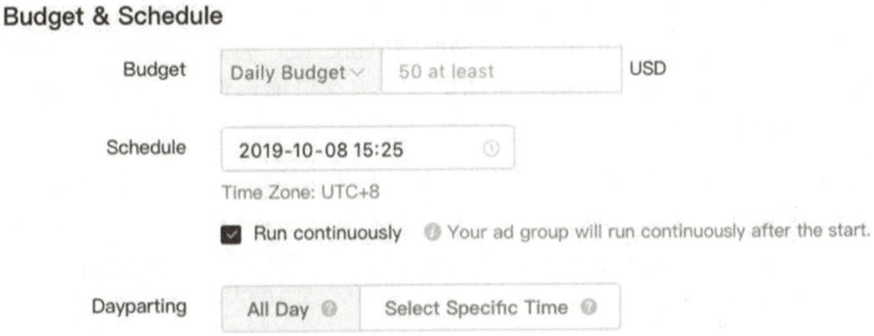

图 4-1-13　设置广告预算和预定投放时段

①选择预算花费速率。接下来，设置预算的花费速率，这决定了预算的支出速度。"Standard"选项可以在整个广告系列投放期间平均分配预算，而"Accelerate"选项则可以在计划的时间内尽快花光预算。

②选择优化目标。优化目标是希望通过广告系列实现的关键指标。可以优化广告组以获取转化、点击或展示，出价将根据选择的目标进行优化。

a. 如果选择转化作为目标，则可以将广告投放给更有可能转化为产品或服务的用户。要追踪所有可能带来转化的操作（例如，应用程序下载或表单提交），需要通过单击"Library"并选择"Conversions"来创建转化行为。

在此处，需要确定是要追踪程序的安装量还是着陆页上特定元素的转化情况。

要追踪应用安装量的转化情况，需要输入名称，在 Google Play 或 App Store 中输入指向应用的链接，然后开始衡量广告带来的转化，如图 4-1-14 所示。

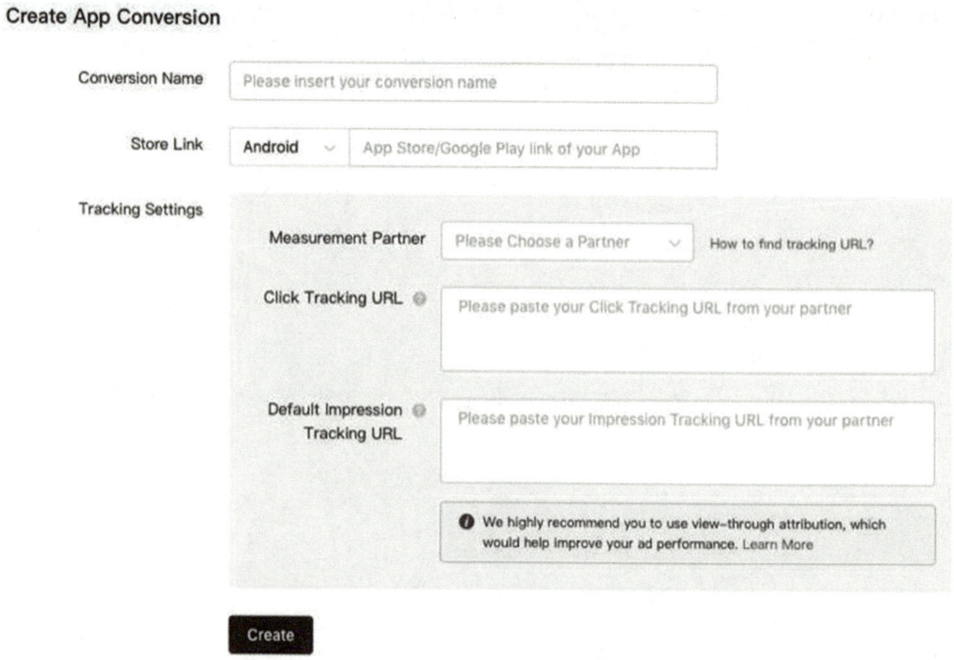

图4-1-14　追踪应用安装量的转化情况

广告定价采用OCPC（目标转化出价）方法，可确保广告展示给更有可能执行预期操作的用户。使用OCPC，可以按预期的单个转化费用出价，然后按CPC（每次点击费用）支付。TikTok Ads会根据用户出价设置自动调整出价，使广告系列的费用接近目标价格。

b. 如果选择点击量作为广告组的总体目标，则会根据每次点击费用收费，并会优化广告以吸引尽可能多的点击。

c. 如果将展示次数作为目标，则将以CPM（每千次展示费用）进行收费。

③打开或关闭智能优化。TikTok提供了一个名为"Smart Optimization"的选项，如果启用了该选项，广告出价将不断得到调整和优化以增加转化次数。如果选择点击或展示作为目标，那么不要开启该选项。

（5）使用TikTok的视频创建工具设计广告。

为广告设计创意素材非常简单。TikTok广告可以是水平、垂直或方形的视频和图像。TikTok有一个名为"Video Creation Kit"的工具，该工具提供了视频和图像模板，可以使用现有的图片对其进行自定义修改，该工具还提供300多种免费背景音乐选项。

TikTok当前允许以下广告类型：Brand Takeovers广告（开屏广告）、In-Feed广告和标签挑战。

①Brand Takeovers广告。用户打开TikTok时，Brand Takeovers广告将立即显示，广告可以重定向到内部或外部链接，例如TikTok上的另一个视频或外部网站或应用程序。目前，此广告类型每天只限一个广告商投放。

②In-Feed广告。这是一个在平台上滚动浏览视频时出现的应用广告。In-Feed广告是原生广告。根据产品类型的不同，原生广告可以放置在TikTok视频的底部，也可以插入视频队列，放置在Feed中。In-Feed广告能够重定向到广告主的网站或应用，每次展示费用为10美元，这比Brand Takeovers更便宜。

③标签挑战。广告主可以与 TikTok 的营销团队合作，发起付费的标签挑战，鼓励用户为品牌在 TikTok 上分享内容，标签挑战通常会持续 6 天。

（6）优化 TikTok 广告。制作 Brand Takeovers 广告或应用内展示广告时，必须使用高分辨率的图片，因为广告图片会占据用户的整个屏幕，并且非常醒目。

一个号召性用语（CTA）仅对应一个重定向链接比较合适。例如，如果想让用户下载应用程序，还想让他们通过网站获取优惠券代码，那么将用户重定向到应用程序的下载界面可能会让某些用户感到困惑。

TikTok 广告几乎没有用文本解释内容的空间，广告说明至多只能包含 80 个英文字符，因此，如果要销售更复杂的产品或服务，则需要使用视频创建工具在展示广告素材中添加文字。

由于所有广告描述均显示在屏幕底部，因此需确保将关键的广告素材元素放置在屏幕中间，以免造成内容繁杂。

与大多数广告格式一样，在实际投放过程中需要先尝试一些定位选项和广告素材元素，然后只使用效果好的选项。

提示：除了视频创建工具，还可以利用其他内置广告工具。在广告组级别中，可以使用 Automated Creative Optimization 工具（如图 4–1–15 所示），至多可以上传 10 张图像或 5 个视频、5 个广告文案和 1 个 CTA，然后将广告素材资源组合成多个广告。该工具将在整个广告系列中测试这些广告，并向目标受众展示效果好的素材组合。

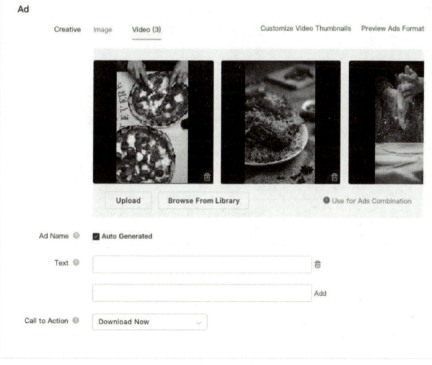

图 4–1–15　Automated Creative Optimization 工具

Landing Page to Video 工具将从用户输入的着陆页 URL 捕获高质量的图像材料，然后将这些图像与音乐结合起来以自动生成视频广告。

任务评价

1. 本次任务的技能点评价（如表 4−1−1 所示）

表 4−1−1 本次任务的技能点评价

序号	技能点评价	佐证	达标	未达标
1	TikTok 的特点	能够熟练掌握 TikTok 的特点		
2	TikTok 的营销策略	能够熟练掌握 TikTok 的四种营销策略		
3	TikTok 广告投放的方法和步骤	能够熟练掌握 TikTok 广告投放的方法和步骤		

2. 本次任务的素质点评价（如表 4−1−2 所示）

表 4−1−2 本次任务的素质点评价

序号	素质点评价	佐证	达标	未达标
1	创新意识	能够挖掘 TikTok 营销的创新点		
2	协作精神	能够和团队成员协商合作，共同完成实训		
3	资源的查找、整合能力	能够进行相关资源的查找和整合		
4	职业道德、法律意识	能够掌握相应的法律法规和 TikTok 平台规则		
5	刻苦专研的精神	能够对 TikTok 广告投放方案进行持续优化		
6	自我学习能力	能够灵活运用 TikTok 营销策划的相关知识和技能		

任务二 Facebook 营销与策划

任务描述

小王在为公司完成了社交媒体营销中的 TikTok 营销推广任务之后，就要为公司完成 Facebook 营销推广任务了，现在，小王需要对 Facebook 的特点、营销策略、营销步骤及营销进阶技巧做更多了解。

知识嵌入

一、Facebook 的特点

Facebook 是美国的一个社交网络服务网站，于 2004 年 2 月 4 日上线，主要创始人为美国人马克·扎克伯格。2021 年 3 月，Facebook 发布的用户数据统计报告显示，其月活跃用户超过 27.4 亿，有超过 6000 万的活跃业务主页，并且每月有超过 10 亿用户使用主页自动集成的 Messenger 与其他用户或商家取得联系，给卖家和买家提供了一个简单、方便的沟通平台，有助于高效地促成交易。Facebook 不仅是高效的流量来源与高效的互动平台，同时也是高效的品牌宣传渠道和高效的营销工具。

二、Facebook 的营销策略

Facebook 上的社交类型有两种：自然社交和付费社交。自然社交是一种长期的免费社交增长策略，包括建立商业页面、生成帖子、通过评论和聊天与关注者互动。而付费社交包括通过 Facebook Ads Manager 管理和优化广告活动，是一种快速接触目标受众的短期策略。许多企业使用自然和付费相结合的社交策略来利用 Facebook，因为自然社交可以建立并与活跃的追随者进行互动，而付费社交可以唤起用户意识并宣传促销、产品或服务。

Facebook 有大量针对商业的营销机会，主要包括五种营销策略：Facebook Business Page、Facebook 广告、参与 Facebook 群组、在 Facebook Marketplace 上列出产品以及联合营销。

（一）Facebook Business Pages——适用于与目标受众户建立联系

Facebook Business Page（Facebook 商业页面，如图 4-2-1 所示）是个人资料页面的商业版本，包含位置、时间、服务和用户评论，以及添加自定义选项卡和 CTA（行动号召）选项，如 Book Now（立即预订）或 Facebook Shop。为了创建 Facebook 广告，企业必须有一个 Facebook 商业页面。商业页面不仅可以在 Facebook 上找到，还可以在 Google 等搜索引擎中找到。通常商业页面被用来建立品牌知名度，联系目标受众，并宣传促销等，同时它也是使用 Facebook 广告和 Facebook 群组等其他营销工具的先决条件之一。

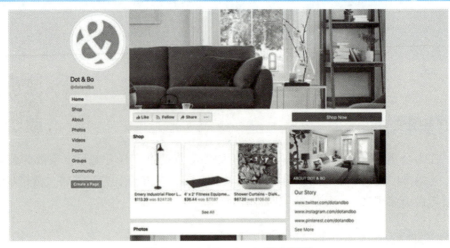

图 4－2－1　Facebook 商业页面

（二）Facebook 广告——适用于快速向目标受众传递特定信息

Facebook 广告（如图 4－2－2 所示）为企业提供了一种通过特定信息接触目标受众的方式，而这些特定信息不一定能够通过自然帖子接触到。Facebook 广告是一种按点击付费广告，企业根据点击、视频观看次数或转化率等受众互动来付费。任何拥有 Facebook 商业页面的企业都可以通过 Facebook Ads Manager 设置广告。

Facebook 广告的独特之处在于，它为企业提供了一种接触目标受众的途径。换句话说，广告客户可以精确地找到他们想要把广告展示给谁。除了接触目标受众，Facebook 广告还可以帮助企业实现特定的营销目标。

图 4－2－2　Facebook 广告

（三）Facebook Groups（Facebook 群组）——适用于品牌知名度的自然增长并接触目标受众

Facebook 群组（如图 4－2－3 所示）是用户为了共同的兴趣或业务而建立联系的社区。企业通过积极参与现有的群组或创建和管理自己的 Facebook 群组来进行营销推广，可以帮助企业获得自然关注并接触到积极参与的目标受众。Facebook 群组并不是一种直接的广告形式或一种推广平台，相反，其重点是群组中的成员，Facebook 围绕他们的共同兴趣、目标或事业建立社区。

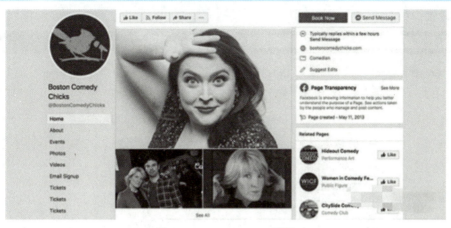

图 4-2-3　Facebook 群组

（四）Facebook Marketplace——适用于扩大额外的销售渠道

Facebook Marketplace（如图 4-2-4 所示）是 Facebook 于 2016 年 10 月在移动端推出的一个售卖功能，允许用户在 Facebook 上购买和销售物品。这并非企业的主要销售渠道，主要目的是让企业获得额外的曝光，从而转化为更多的销售量。

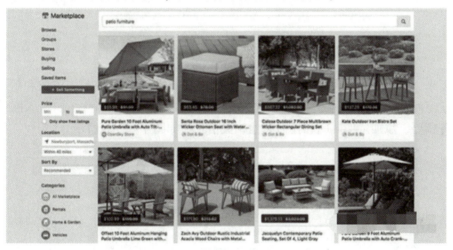

图 4-2-4　Facebook Marketplace

（五）联合营销——适用于口碑营销和提高品牌知名度

联合营销是指两家企业合作推广和交叉销售彼此的产品。这是一种免费的营销策略，可以帮助企业获得信誉和知名度。社交媒体营销中常见的形式就是与网红的联合营销。然而，企业也可以与其他企业联合营销，以促进彼此的产品或服务，并从其他的企业受众那里获得曝光。

三、Facebook 的营销步骤

（一）建立 Facebook 商业页面

Facebook 营销的第一步是创建商业页面。它不仅可以作为企业的个人资料，还可以用来在 Facebook 上创建付费广告。要创建商业页面，首先登录到个人账户，然后从页面顶部水平菜单的右侧单击"Create"按钮，在下拉菜单中单击"Page"选项，按照提示完成业务页面设置，如图 4-2-5 所示。

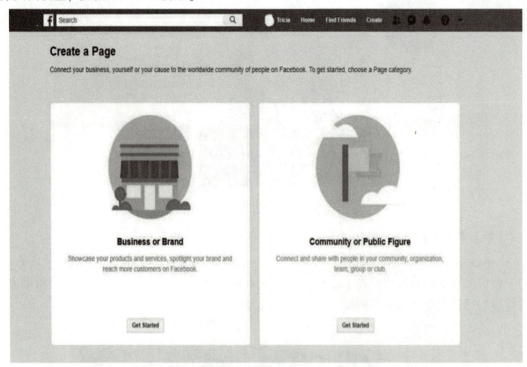

图 4-2-5　建立 Facebook 商业页面

接下来，输入页面名称和业务类别，单击"Continue"按钮并上传头像和封面照片。然后导航至商业页面左侧的"About"选项卡，并完成所有填写部分，如输入网站 URL、编写业务摘要、添加工作时间和任何其他相关信息，如图 4-2-6 所示。

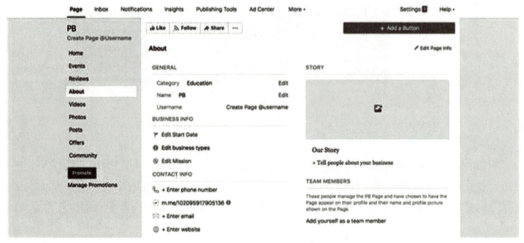

图 4-2-6　输入相关信息

完成业务页面的所有部分后，单击页面右侧的"+ Add a Button"按钮，添加 CTA 按钮。然后，从选项列表中选择要添加的 CTA 类型，并按照提示完成该过程，如图 4-2-7 所示。

图 4−2−7　选择要添加的 CTA 类型

从左侧菜单中找到"Templates and Tabs"，在模板和标签页中，向下滚动到"Tabs"部分，查看页面当前包含的所有标签。通过单击标签右边的"Settings"按钮来更新或删除已有的标签。要添加新标签，滚动到页面底部，单击"Add a tab"按钮。

（二）创建 Facebook 内容策略

创建 Facebook 商业页面之后，需要创建 Facebook 内容策略。虽然每个内容策略都针对其需求、目标和目标受众，但还需要概述和策划如何应用 Facebook 进行营销，可以通过创建客户资料来确定目标受众以及选择 Facebook 营销目标。以下是 Facebook 的 5 种常见策略和目标：

1. 扩大受众

Facebook 的主要战略是提高品牌知名度。企业可以通过自然社交和付费社交网络吸引目标受众。由于 Facebook 已经拥有数十亿用户，因此这是接触潜在用户的良好平台。

2. 保持关注

通过为用户提供另一个接触点，他们能够与现有用户建立联系并保持关注。这对于正在寻找战略来推动重复销售并建立品牌忠诚度的企业来说是有益的。

3. 生成潜在用户

企业可以使用带有 CTA 按钮的 Facebook 商业页面、Facebook Messenger、Facebook 群组和付费广告来生成潜在用户，这些付费广告可以将用户引导到商业页面或用于转换访客并生成潜在客户的登录页面。然后，企业可以通过一些营销策略来培养这些潜在用户。

4. 推动再营销

Facebook 广告为企业提供了利用再营销活动的机会。这些活动针对的是了解企业的用户，比如访问过企业网站的用户。它为企业提供了一种市场营销方式，以吸引潜在用户。

5. 加强品牌建设

企业可以利用 Facebook 作为加强品牌建设的平台，例如通过使用一致的品牌信息和品牌身份，而这又将进一步建立品牌意识和驱动品牌忠诚度。

（三）使用 Facebook 群组

Facebook 群组类似于俱乐部，用户可以根据兴趣选择加入。Facebook 群组让企业有机会加入现有的群组，并通过积极参与或创建自己的群组来提高品牌知名度。Facebook 群组服务于几乎任何类型的业务或组织，无论是本地的还是国际的群组。

（四）尝试投放 Facebook 广告

Facebook 广告是一种有效且低成本的数字广告形式。广告客户根据用户互动（如广告点击和转化率）付费，平均每次点击成本为 1.86 美元。要创建 Facebook 广告，先登录 Facebook，创建 Facebook Ads Manager 账户，然后转到你的账户，在首页单击"＋"或"Create New"广告活动按钮以开始新的广告活动创建过程，然后逐步操作，完成所有步骤。

以下是在 Facebook 投放广告的 9 个位置：

①Facebook &Instagram Newsfeed（如图 4－2－8 所示）；

②Facebook Right－Column Ads（右侧栏广告）；

③Facebook In－Stream Videos（视频插播广告）；

④Facebook Search Results（搜索结果）；

⑤Facebook Messenger Messages；

⑥Facebook Instant Articles（即时文章）；

⑦Facebook Marketplace；

⑧Facebook &Instagram Stories（"阅后即焚"的视频广告）；

⑨Facebook Audience Network。

图 4－2－8　Facebook Newsfeed 中的广告示例

（五）在 Facebook 上保持活跃并吸引受众

Facebook 并不是一种"一劳永逸"的社交媒体渠道，而是需要企业在社交网络上保持活跃，才能继续扩大受众群体并保持受众参与度。以下是企业在 Facebook 上保持活跃的主要方式：

1. 经常发布内容

生成内容是在 Facebook 上保持活跃状态的好方法。建议可以每周三天或每天的任何时间在 Feed 上发布内容。一般来说，企业和受众规模越大，发布的频率就越高，但仍需要考虑其行业和受众。

2. 参与 Facebook 群组

在 Facebook 上保持活跃和吸引用户的一个简单方法是参与 Facebook 群组。一定要选择一个与行业相关的群组,例如,瑜伽垫品牌可以加入瑜伽群组。但需要记住,群组是一种与目标受众互动的方式,而不是推销的场所。

3. 使用 Facebook Messenger

企业可以使用 Facebook Messenger(Facebook 的实时聊天功能)与页面访问者联系。许多人甚至使用 Facebook Messenger 作为客户服务工具。企业可以设置自动消息以显示给那些访问页面的人。

4. 发布故事

在 Facebook 上发布故事是一种与用户互动的有趣方式,它以一种有趣的、个性化的方式向用户展示当下正在发生的事情,从而建立联系。企业通常使用故事在后台分享照片和视频、业务更新或趋势等。

四、Facebook 的营销技巧

(一)账户技巧

1. 多个账号强化品牌曝光率

如同国内很多企业开设多个微信公众号进行营销一样,在 Facebook 上开设多个账号推广更有助于企业增加曝光度。因此需要建立两个账户,一个用来做权威发布,一个用来做转发。

2. 设置与品牌相关的信息链接

设置账号信息时,确保账号封面、头像等信息与品牌或产品相关,同时企业简介里可以让用户看到网站网址,让更多人有机会打开链接。

3. 多个账号安全绑定

为防止账户因安全问题被盗或误判广告被封,除了遵守 Facebook 的推广政策和选择稳定的外网,建议前期就加强账户安全设置,多个账户绑定安全关系,设定多个管理员,以便后期找回账户、解封账户。

(二)品牌主页技巧

1. 针对用户地区设计不同品牌主页

建主页的时候首要明确主页的目的是什么,是宣传企业、店铺还是宣传产品?产品优势是什么?需要把这些问题先想清楚,再去创建主页,填充内容。如果品牌影响力足够大,海外用户群体广,则可以专门针对用户地区设计不同品牌主页。

2. 参考区域风格设计品牌主页

品牌主页的设计要参考区域风格并找准用户定位。品牌主页的名称要和品牌或业务地区相关,这样更容易吸引潜在用户。

3. 品牌主页设计引发情感共鸣

品牌主页设计必须要精彩,图片要精致、音频要动听、视频要自带流量,这样才能引起更多用户的情感共鸣,进而对品牌进一步关注。

(三)发布技巧

1. 发布行业热门话题

在 Facebook 上搜索和产品相关的 Facebook 专页,并将这些专页做细分,比如按地区、按

话题，将这些专页上比较特别的信息分享到自己的专页，分享的时候加上热门话题或和产品相关的标签。

2. 发布企业产品和业务信息

利用手头产品和业务信息，外加在 Facebook 上搜索整合其他同行 Facebook 品牌主页产品信息，将企业的产品和业务也整理细分成各个模块，比如地区、话题、问答等，发布并共享至主页，以便让用户加强对品牌和产品的认知。

3. 发布用户青睐的图片信息

很多用户更青睐查阅那些精美的图片，因此，建议将企业丰富的产品图片做成相册图，每个图片说明带上产品链接。一个精致的 Facebook 产品相册集，会让用户眼前一亮，甚至迫切想了解更多。

4. 保持活跃和更新频率

为了得到更多人关注，保持活跃和更新频率非常重要。经常在社交平台踊跃表现的卖家，也会给别人带来更深刻的印象。除此之外，建议多参与别人的分享互动，多参加各种感兴趣的圈子，保持分享和交流互动。

（四）粉丝获取技巧

1. 利用 Facebook 对象搜索功能

首先确定用户和粉丝人群，假设要定位的用户是可能购买印刷机的用户，可以在 Facebook 左上角搜索栏搜索"印刷机门店"。然后根据搜索到的对象发消息给对方，逐个加好友，邀请对方关注和赞品牌主页。

2. 挖掘同行 Facebook 品牌主页粉丝栏目

建立好 Facebook 专页后，需要持续地建立和专业相关的内容，才能吸引用户，得到用户的认同。如果不清楚用户可能喜欢哪些话题，可以先搜索和产品/业务相关的海外知名同行的 Facebook 专页，查看对方的品牌主页粉丝，将这些粉丝加为好友，很多此类粉丝就是潜在用户，可以邀请对方关注和赞品牌主页。

3. 邀请客户关注和赞品牌主页

在卖家已拥有一定客户人群的基础上，可以通过 Facebook 品牌主页邮件邀请的方式，邀请客户来关注和赞品牌主页。

4. 利用群组扩大关注

Facebook 的群组功能具有强大的互联功能，因为群组符合了 Facebook 基本属性——极具社交元素。从家庭聚集、小团体分享到兴趣俱乐部或专业讨论，其存在极易让用户彰显本身存在感从而形成对群组的高依赖性。充分利用 Facebook 群组功能，推广营销效果会大幅提升。

职业技能训练

1. 训练目标

（1）培养学生具备社交媒体营销的思维。

（2）培养学生具备 Facebook 营销推广的能力。

2. 训练内容

景德镇市某陶瓷有限公司是一家专业生产陶瓷酒瓶、装饰酒瓶等产品的厂家，致力于将景德镇陶瓷文化与酒文化融为一体，逐步形成了以陶瓷文化为主的酒包装专有风格。为了开拓国际市场，扩大公司和公司网站的知名度，该公司打算采用 Facebook 营销方式进行公司网站和产品的推广。

请帮助该公司完成 Facebook 营销过程中相关任务的实施，制作一份 Facebook 营销推广方案。

任务评价

1. 本次任务的技能点评价（如表 4-2-1 所示）

表 4-2-1　本次任务的技能点评价

序号	技能点评价	佐证	达标	未达标
1	Facebook 的营销策略	能够熟练掌握 Facebook 五种营销策略		
2	Facebook 的营销步骤	能够熟练掌握 Facebook 营销步骤		
3	Facebook 的营销技巧	能够熟练掌握 Facebook 营销技巧		

2. 本次任务的素质点评价（如表 4-2-2 所示）

表 4-2-2　本次任务的素质点评价

序号	素质点评价	佐证	达标	未达标
1	创新意识	能够在 Facebook 营销推广中体现创新思维		
2	协作精神	能够和团队成员协商合作，共同完成实训		
3	资源的查找、整合能力	能够进行相关资源的查找和整合		
4	职业道德、法律意识	能够掌握相应的 Facebook 营销推广的技巧和规范		
5	严谨的工匠精神	能够在 Facebook 营销推广案例中做出精确分析		
6	自我学习能力	能够运用 Facebook 营销推广的相关知识和技能		

任务三　YouTube 营销与策划

任务描述

小王完成了 Facebook 的营销推广任务,又开始探索另外一个主流的海外社交媒体平台——YouTube。小王需要对 YouTube 做全面的了解,掌握 YouTube 的特点、营销策略、广告投放方法和步骤等。

知识嵌入

一、YouTube 的特点

YouTube 是世界上最大的视频共享平台之一,由三个前 PayPal 员工于 2005 年 2 月创建,总部位于美国加州圣布鲁诺。根据 YouTube 发布的统计数据,截至 2021 年 4 月,YouTube 拥有超过 20 亿的月活跃用户。用户可以在 YouTube 上传、浏览和共享视频。YouTube 使用 Adobe Flash 视频和 HTML5 技术显示用户生成的视频内容,包括电影剪辑、电视短片、音乐录影带以及业余的内容,如视频博客、短原创视频、教育视频。

二、YouTube 的营销策略

以视频内容输出的形式去推广产品,能让用户更加直观地了解产品品牌,从而对产品产生更强的购买欲望。视频的范围很广,不管是 B2C 模式的企业还是 B2B 模式的企业,都可以创建吸引用户的内容,社交媒体营销更是成为行业营销的新趋势。在视频营销快速发展的现在,更应该注重视频内容的营销及策略。

YouTube 营销主要有以下八种策略:

(一) 建立 YouTube 品牌频道

在建立 YouTube 品牌频道时更应该注重的是向用户宣传品牌故事,从频道图标到频道描述等所有的内容都应该是传达品牌的声音。

在 YouTube 频道的"关于"部分中,添加品牌的简单描述,描述要保证每位用户都能了解到品牌,利用品牌故事在用户心里"种草"。

(二) 不断创建能吸引眼球的视频内容上传到频道中

创建有故事、有情节的视频来吸引用户进行互动,最重要的是用 YouTube 来宣传品牌故事。向用户充分地介绍品牌产品,分析产品的优势、功能、体验以及如何使用产品的分步视频教程,但是一定要在用户最活跃的时候,找到合适的时间发布视频内容。

(三) 优化 YouTube 视频描述中的关键词和缩略图

缩略图及关键词是决定用户是否点击视频播放的关键。因此,缩略图及关键词的优化能给

视频的观看频率带来更好的效果。视频缩略图一定要能促使 YouTube 用户在浏览之后有点击观看的冲动,添加一张能吸引用户注意的缩略图是非常关键的。

在 YouTube 视频营销策略中,视频描述中的关键词也很重要,优秀的关键词能提升 YouTube SEO,但是前提一定是保证关键词与上传的视频内容一致,用一句能有吸引力并带有关键词描述的短句来促使用户点击观看视频。

(四)与用户互动来提升频道活跃度

视频开始有一些观看量之后,可以在评论区域与用户进行互动,回复用户的评论,让用户有参与感。YouTube 倾向于互动性更高的视频,因此较长的评论部分可以轻松地转化为更多观看次数。

(五)全面分析竞争对手

了解竞争对手是任何企业营销策略中不可缺少的一部分,可以去了解其 YouTube 频道运作的模式并进行分析,查看他们的视频观看量、粉丝高观看量视频的内容形式及吸引点,这些能为以后创作视频带来灵感。

(六)紧跟行业趋势及动态

要在任何行业都处于领先地位,跟踪行业趋势和更新很重要。社交媒体行业本身就是一个充满活力的行业,行业以及平台上的新功能和趋势能为 YouTube 营销计划提供帮助。

(七)利用 YouTube 视频营销的优势

(1)流量:YouTube 有超过 20 亿的用户,每月处理超过 30 亿次的搜索。

(2)网站参与度:权威机构研究发现,与其他媒体平台相比,从 YouTube 导航到网站的访问者在网站上花费的时间最多,浏览量最多,并且跳出率最低。

(3)Google 搜索结果:由于 YouTube 是 Google 的子公司,因此通常会在 Google 搜索的前 10 个结果中看到 1~2 个 YouTube 视频。

用户喜欢分享视频:YouTube 视频非常易于分享,它们可以嵌入 Facebook 帖子、博客帖子和推文中,所有这些视频仍会显示在 YouTube 的频道上。

(八)与 YouTube 上的网红联合营销

将网红营销纳入 YouTube 营销策略中,实施方案如下:

(1)选择适合的博主能触达更多的用户;

(2)根据博主的风格打造新的营销形式及内容;

(3)让博主@YouTube 账户,来宣传品牌频道。

案例链接

YouTube 上的 UNice

UNice 的创始人、CEO 化云龙是土生土长的许昌人,他从十几岁开始就在当地的一家假发工厂打工。当时,当地的工厂还是传统的加工模式,并没有自己的品牌。

2011年,他成立了自己的公司,主要通过第三方平台做B2B的假发批发。但是在做B2B外贸的过程中,他发现国外个人用户的购买需求越来越多,因此逐渐转为B2C的业务。转移到B2C后,化云龙非常希望把客户资源掌握在自己手里,于是在2015年建立自己的官网。

在产品上,他也逐渐明确了自己的定位。产品采用100%真发,并且根据不同客户的需求,提供假发帘、接发、多种发型等,面向高端市场,如图4-3-1所示。

图4-3-1　UNice丰富多样的假发产品

对市场开拓的雄心和远见让企业业务不断增长,但是也遇到了不少问题和挑战:

挑战:身处四线城市,离海外市场似乎非常遥远,终端市场看起来更触不可及。从事B2C业务,需要更深入了解客户需求,和客户建立长久关系和互动,并增加黏性。

目标:和终端消费者建立良好互动,提高黏性;建立并打造品牌效应。

1. 建立免费的YouTube频道

要想和用户建立深入联系并传递品牌,对于假发产品来说,视频平台的直观展现和互动是最适合的。YouTube作为全球最为流行的视频网站,上面的用户活跃度、互动性也非常强,所以UNice选择在YouTube上进行自己的品牌宣传。

首先,UNice在YouTube上建立了自己的品牌频道(如图4-3-2所示),上传产品视频,这是完全免费的。有了自己的专属频道后,也就有了专属的品牌市场宣传的平台。

图4-3-2　YouTube上UNice的专属品牌频道

为了初步建立和粉丝的关系,让粉丝了解UNice这个品牌的特点,UNice策划了一个品牌活动,鼓励粉丝要"美丽、自信":分享你和UNice的美丽故事——你是独一无二的,对自己的美要自信,如图4-3-3所示。

图 4-3-3 分享你和 UNice 的美丽故事活动在 YouTube 上受到受众的欢迎

这段视频因为说到了受众的心里，所以非常受欢迎，获得了 29.7 万次播放，成为 UNice 在 YouTube 上排名第二的热门视频。

在对 UNice 品牌高度认可的情况下，YouTube 上的 YouTube Creator（YouTube 上的自媒体发布者）成为 UNice 的"带货达人"，他们通过 UNice 的产品展示、使用示范、保养方法等一系列的视频全方位诠释了 UNice 这个品牌，如图 4-3-4 所示。

图 4-3-4 YouTube Creator 在视频中展示 UNice 的假发

2. 用 YouTube Creator 撬动市场

这些 YouTube Creator 视频给更多粉丝种上了 UNice 的"草"，激发了他们的购买欲，帮助 UNice 开启了直接与自己目标客户沟通的通道，如图 4-3-5 所示。

图 4-3-5 YouTube Creator 展示如何用 UNice 假发做染发和烫发和日常造型

3. 用 How to 视频满足消费者痛点

想加深粉丝和频道的链接，就需要了解粉丝的需求。UNice 通过与一部分消费者沟通和市场调查，发现目标市场有两大主要诉求，他们就通过制作相对应的视频，吸引粉丝的持续关注：

痛点 1：去发廊做头发太贵了，自己戴假发又太难，怎么办？

解决办法：发布 How to 视频，教用户自己在家也能轻轻松松用 UNice 产品做造型。不仅如此，还鼓励用户上传自己的视频，分享自己的使用体验。

痛点 2：用户渴望获得流行的发型指导。

解决办法：用各种产品示例视频告诉用户什么发型现在最"in"。

通过前两步，UNice 和现有客户建立了很好的链接，让客户从购买前到购买后，都获得全面的帮助。

4. 广告"发"力 获得更多客户

UNice 通过免费渠道和一部分粉丝建立了联系，然而他们想要获得更多新的客户，这就要用到 YouTube TrueView 广告。

UNice 主要通过 YouTube 的兴趣定位，定位对美发、头发护理感兴趣的人群；把 UNice 的视频推送到了目标客户面前，"精准定位 + YouTube Creator 视频号召力"成倍增加了品牌营销成果。

定位到这些客户后，广告的内容也至关重要。视频集中展示了 UNice 多款产品的功效，通过简单操作马上让人"改头换面"，既让客户了解丰富的假发样式，又能快速了解佩戴步骤，内容真实而贴近，十分有感染力，如图 4-3-6 所示。

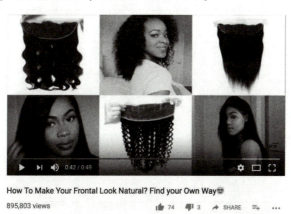

图 4-3-6 UNice 投放的 TrueView 广告截图，展示的造型效果让人心动

UNice 在 YouTube 上的营销取得了非常好的效果，YouTube 上的视频观看时长达到了近 300 万分钟（约 5 万小时），累计播放次数 203 万次；他们的转化率也很好，每季度大约有 16 万人次将产品放进购物车，投资回报比达到了 1∶5。

（资料来源：雨果跨境。https：//www.cifnews.com/article/33288）

分析提示

UNice 从最初的 5 个人发展到现有员工 150 人的规模。随着订单越来越多,他们还增开了工厂,UNice 的发展也为家乡的发展做出了贡献,为家乡的年轻人带来了职业发展的新方向,启发了更多的年轻人——在小城市,用数字营销的方法将产品卖到世界各地,并不只是梦想。

笔记区

职业技能训练

1. 训练目标

掌握 YouTube 广告投放的方法和步骤。

2. 训练内容

按照下列步骤完成 YouTube 广告的创建和投放。

(1) 步骤 1：将视频广告上传到 YouTube。

在开始配置广告之前，首先将营销视频上传到 YouTube 账户。为此，可以登录自己的 YouTube 账户，再单击 YouTube 右上方的小型摄像机图标，然后，只需单击"Upload video"，如图 4-3-7 所示。

图 4-3-7　单击"Upload video"

可以在其中选择要上传的文件，如图 4-3-8 所示。确保填写所有必要的信息，例如标题、描述和标签。

图 4-3-8　选择要上传的文件

(2) 步骤 2：在 Google Ads 中制作一个新的广告系列。

上传视频后，就可以开始设置 YouTube 广告系列了。首先，转到 Google Ads 账户。登录账户后，单击左侧边栏中的"Campaigns"，然后单击"+"图标创建一个新的广告系列，如图 4-3-9 所示。

在新的页面选择广告系列类型，如图 4-3-10 所示。目前，Google 提供了五个选项：搜索、显示、购物、视频、通用应用。单击"Video"后，需要选择一个目标，该目标与广告系列为企业实现的主要目标相对应。

图 4-3-9 创建一个广告系列

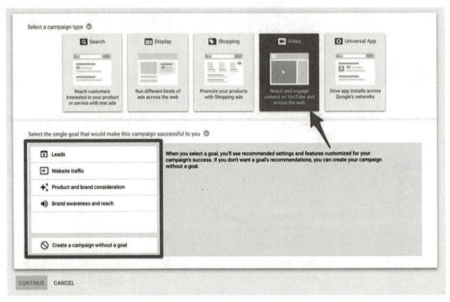

图 4-3-10 选择广告系列类型

如果想使用 YouTube 广告来增加网站访问者的数量，则可以选择"网站访问量"目标。然后，在继续设置广告系列时，会看到推荐的功能和设置，这些功能和设置可以帮助吸引用户对网站的访问。要了解有关目标选项的更多信息，只需将鼠标悬停在目标选项上即可。

（3）步骤3：设定广告活动。

①选择一个名字供内部使用，可以在 Google Ads 中运行多个广告系列时快速识别广告系列，如图 4-3-11 所示。

②设定预算。首先设置每天花费的平均金额。建议初期数值可以小一些，在实际运营过程中可以不断测试和优化广告系列，以确保获得最高的投资回报率，如图 4-3-12 所示。

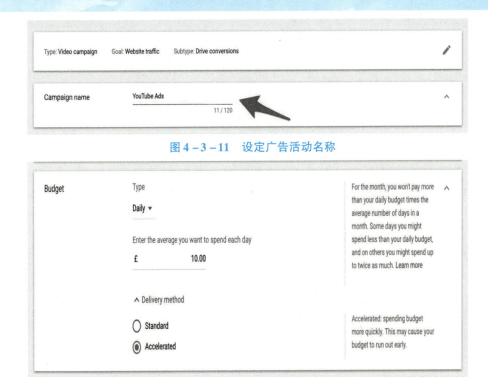

图 4-3-11　设定广告活动名称

图 4-3-12　设定预算

还可以选择标准或加速交付方式。标准版将全天分配预算，而加速版将在每个可用的机会展示广告，并且将预算用尽。首先选择加速交付，这样可以快速收集可用于优化广告系列的数据。

③选择开始日期和结束日期。只需输入开始日期，然后选择结束日期即可（如果需要），如图4-3-13所示。

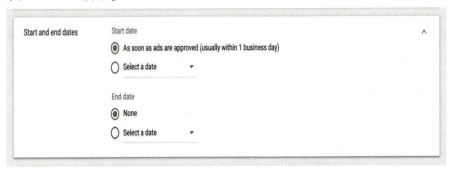

图 4-3-13　选择开始日期和结束日期

④选择网络：本部分允许选择希望广告展示的位置。由于我们是在制作视频广告，因此可以使用以下三个选项：

a. YouTube 搜索结果：广告可以显示在 YouTube 搜索结果旁边（此选项将使用户仅能使用 TrueView 发现广告）。

b. YouTube 视频：广告将显示在 YouTube 视频频道页面和 YouTube 主页上。

c. 展示广告网络中的视频合作伙伴：这意味着广告也将在 Google 的其他广告渠道中展示，如图 4-3-14 所示。

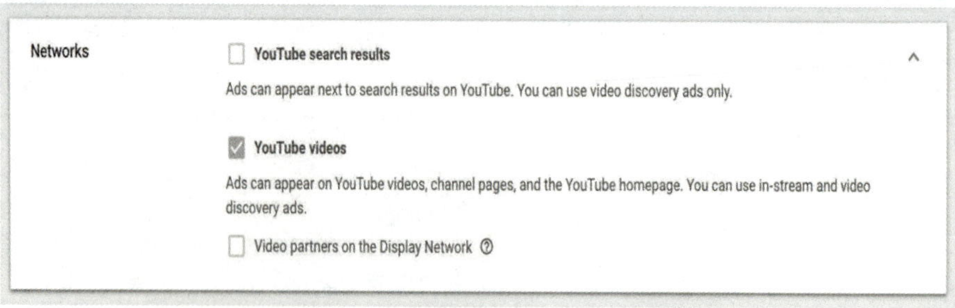

图 4-3-14　选择希望广告展示的位置

⑤选择一种语言和位置：确保选择希望广告展示的国家和语言，如图 4-3-15 所示。

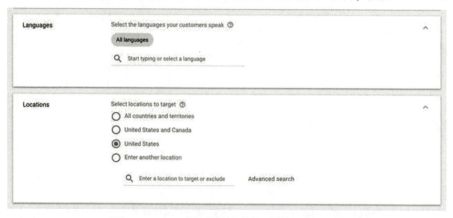

图 4-3-15　选择希望广告展示的国家和语言

⑥选择出价策略：选择要为广告系列付款的方式，Google Ads 提供了四个选项：

a. 最高每次观看费用：每次观看费用取决于视频的观看次数和互动次数。

b. 最高每千次展示费用：需要为广告获得的每千次展示付费。

c. 可见每千次展示费用：只有在确实看过广告后，才需要为每千次展示付费。例如，如果用户登录页面并立即关闭，则不会收费。

d. 目标每次转化费用（CPA）：费用基于观看者所采取的操作，例如点击广告，如图 4-3-16 所示。

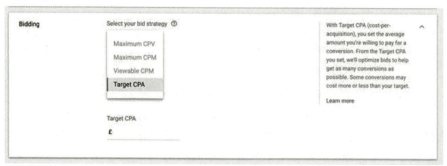

图 4-3-16　选择目标每次转化费用

在此案例中，广告系列目标是增加访问网站的人数，因此选择"目标每次转化费用"，这意味着广告主只会为转化的观看者付费。

⑦选择内嵌内容类型：本部分仅允许在品牌内嵌的内容上展示广告，如图 4-3-17 所示。例如，如果是一家出售儿童玩具的直销企业，则不希望广告与暴力或色情内容一起

显示。因此需要仔细阅读每个选项，以确保广告不会在不适当的内容上展示。

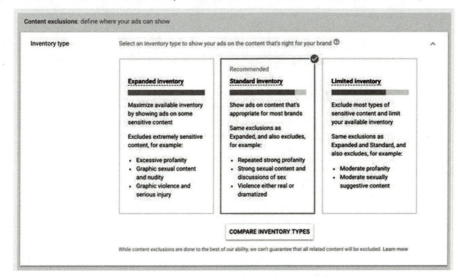

图4-3-17 选择内嵌内容类型

⑧选择排除内容：避开单个敏感内容类别（例如"悲剧与冲突"和"敏感社会问题"），如图4-3-18所示。千万不要跳过这一步，否则可能会造成品牌灾难。

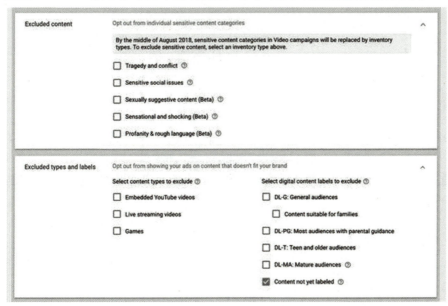

图4-3-18 选择排除内容

（4）步骤4：选择想触达的人。

在开始选择受众群体之前，请确保为广告组指定一个描述性名称，这样，就可以在以后的广告系列中使用相同的受众群体选择。选择受众特征时，可选择性别、年龄、父母身份等选项，如图4-3-19所示。

（5）步骤5：选择希望广告展示的位置。

①选择展示广告的特定内容类型。每行使用一个单词或短语将关键字输入或粘贴到框中，还可以使用"Keywords"工具来找到要定位的相关关键字，如图4-3-20所示。

图4-3-19 选择受众特征

图4-3-20 关键字的输入和获取

②选择主题。只需选择任何相关主题，即可在有关特定主题的内容上展示广告，如图4-3-21所示。

图4-3-21 选择主题

③选择广告的展示位置。可以选择要展示广告的特定位置；如果将此部分留空，则广告将在与你的其他定位选择匹配的任何 YouTube 或展示广告网络展示位置上展示。

(6)步骤7：选择营销视频。

使用搜索栏找到营销视频；如果尚未上传视频，请单击链接以将其上传到YouTube，如图4-3-22所示。

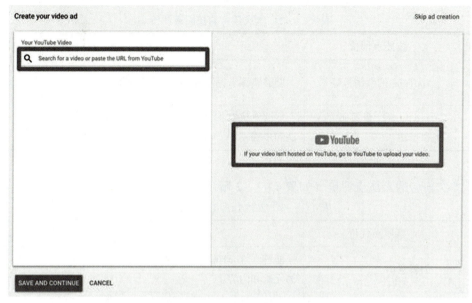

图4-3-22　选择营销视频

(7)步骤7：配置YouTube广告视频。

需要选择视频格式，可根据实际设置的广告系列进行选择，如图4-3-23所示。

图4-3-23　配置YouTube广告视频

任务评价

1. 本次任务的技能点评价（如表 4-3-1 所示）

表 4-3-1　本次任务的技能点评价

序号	技能点评价	佐证	达标	未达标
1	YouTube 的营销策略	能够熟练掌握 YouTube 的营销策略		
2	YouTube 广告投放的方法和步骤	能够熟练掌握 YouTube 广告投放的方法和步骤		

2. 本次任务的素质点评价（如表 4-3-2 所示）

表 4-3-2　本次任务的素质点评价

序号	素质点评价	佐证	达标	未达标
1	创新意识	能够在 YouTube 广告策划中融入流行的元素和内容		
2	协作精神	能够和团队成员协商合作，共同完成实训		
3	职业道德、法律意识	能够熟知国际上在广告发布方面相应的法律法规		
4	严谨的工匠精神	能够不断优化 YouTube 广告投放方案		
5	自我学习能力	能够灵活运用 YouTube 的营销策略		

任务四　Instagram 营销与策划

任务描述

小王在为公司完成了社交媒体营销中的 YouTube 营销推广任务之后，就要为公司完成 Instagram 营销推广任务了，现在小王需要全面了解 Instagram 营销与策划的知识和技能。通过本次任务，学习 Instagram 的广告类型、营销策略、营销步骤及营销技巧等。

知识嵌入

Instagram 是 Meta 公司的一款免费提供在线图片及视频分享的社交软件，于 2010 年 10 月发布。它可以让用户用智能手机拍下照片后再将不同的滤镜效果添加到照片上，然后分享到 Facebook、Twitter、Tumblr 及 Flickr 等社交网络服务上。截至 2021 年 9 月，Instagram 月活跃用户（MAU）超过 10 亿，同时也是 Meta 旗下第四个继 Facebook、WhatsApp 及 Messenger 超过 10 亿月活跃用户的平台。Instagram 主要面向年轻受众，55% 的用户年龄在 18～29 岁，28% 的用户年龄在 30～49 岁，只有 11% 的用户年龄在 50～64 岁，4% 是 65 岁以上的人。因此，Instagram 是品牌触及年轻人的很好选择。

一、Instagram 的广告类型

Instagram 广告是一种付费广告，可将广告内容发布到 Instagram 平台上，以覆盖更大范围的目标受众。而 Instagram 广告经常被用来增加品牌知名度、网站访问量，以产生新的销售线索和将当前的销售线索转移到渠道中并希望实现转化。

（一）故事广告

Instagram Stories Ads 是出现在用户故事中的全屏广告。每天有 5 亿 Instagram 用户浏览故事，可以通过故事广告吸引大量用户。通过故事广告，可以定位受众群体并选择他们看到广告的频率。由于 Instagram 故事会在 24 小时后消失，因此它们是分享限时优惠和促销活动的理想形式。可以利用 Instagram Stories 的其他功能，添加面部滤镜、视频效果和文字，创造有趣和有创意的促销活动。号召性用语采用向上滑动功能的形式，可以通过故事广告将受众直接带入网站。

（二）图片广告

图片广告允许卖家通过引人注目的图片展示产品和服务。如果正在制作视觉内容，Instagram 图片广告可以提供与更多人分享的平台。使用图片广告的"立即购买"号召性用语按钮宣传展示产品，让更多的潜在用户通过图片了解公司和产品，促使购买。

（三）视频广告

Instagram 的用户喜欢视频，所以现在的卖家都比较倾向于利用视频为他们的产品曝

光。一段标准的视频帖子最长可以播放 60 秒视频，IGTV 视频最长可以播放 15 分钟，经过验证的账号甚至可以播放 60 分钟。如果品牌卖家能通过视频讲述产品、服务、文化或引人入胜的故事，可以有更高的传播效益，例如，电影《La La Land》的成功视频广告活动。为了成功推广这部电影，策划团队针对那些喜欢浪漫、旅行和时尚等主题的年轻观众（18~24 岁）制作了 10 个简短视频，然后他们把目标锁定在特定的受众上。结果反馈十分好：广告回忆增加 24%、品牌知名度提高 8%、电影观看意图增加 4%。

（四）轮播广告

轮播图片是另一种可以讲故事的形式。实际上，这就像是一个 PPT，卖家在上传多种图片之后，用户可以翻动查看下一张图片，从而构建一种翻阅书籍的体验，输出完整的故事。轮播广告非常适合想要展示内容多样性并且具有多种创意素材的产品，如食品和服装。

选择哪种广告形式，首先要明确推广目标是什么。例如，如果卖家正在尝试提高品牌知名度，则应该选择带有指向网站的 CTA 图片或视频广告，这样做可以帮助卖家通过内容提升品牌知名度。如果卖家有多个要发布的产品，并且希望将它们都展示出来，轮播广告非常适合这种需求，因为可以向用户展示几个不同产品的图像。无论选择哪种广告形式，都要确保它符合推广目标。

二、Instagram 的广告投放步骤

（一）创建广告系列

在广告系列名称旁边输入广告系列的名称，或使用显示的默认名称，如图 4-4-1 所示。

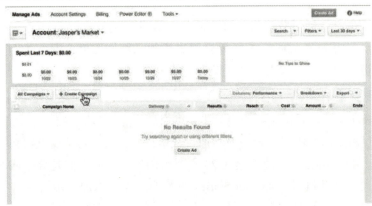

图 4-4-1　创建广告系列

（二）从列表中选择一个目标

如图 4-4-2 所示，与 Facebook 不同的是，要创建和投放 Instagram 广告，只能在下列 7 个目标中选择：

①品牌知名度；

②覆盖人数；

③流量（网站或应用商店中应用的点击量）；

④应用安装量；

⑤参与互动（仅限帖文互动）；
⑥视频观看量；
⑦转化量（网站或应用的转化量）。

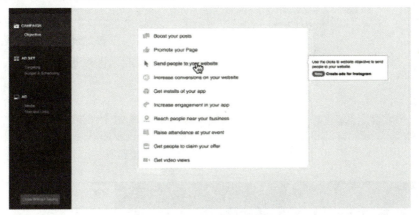

图4-4-2 从列表中选择目标

（三）设置受众和预算

如图4-4-3所示，在受众板块为广告选择受众，可以按照年龄、性别、兴趣等参数进行选择。在设置预算里可以选择：

①单日预算：每天愿意为广告组花费的平均金额；
②总预算：在广告组投放期愿意花费的金额。

图4-4-3 设置受众和预算

如图4-4-4所示，还可以手动设置优化和竞价选项，在广告投放优化方式板块更新广告的优化方式，在竞价金额板块选择手动竞价。

（四）选择广告创意

这里创建的Instagram广告也可以在Facebook上使用，大多数支持使用视频、图片或轮播广告形式。

如果想在Facebook和Instagram的广告上使用同样的素材，例如图片，就可以针对不同的平台广告类型对素材进行调整，如图4-4-5所示。

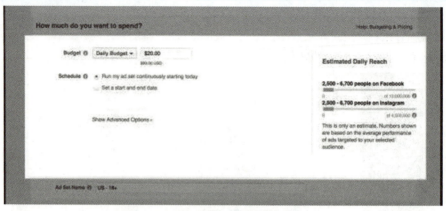

图 4－4－4　手动设置优化和竞价选项

图 4－4－5　调整素材

选择要使用的文案或链接，还要设置一个 Facebook 主页代表业务。输入 Instagram 账号和密码，然后完成广告名称、广告文本、行动号召等内容的填写，可以单击"预览"看一下广告的效果。

（五）在 Instagram 选项上打钩

在 Instagram 选项上打钩之后，广告才能在 Instagram 平台发布，如图 4－4－6 所示。

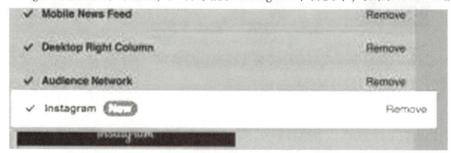

图 4－4－6　在 Instagram 选项上打钩

三、 Instagram 的营销步骤

（一）确定目标用户

首先需要确定在 Instagram 上的目标群体。68% 的 Instagram 用户是女性，而且大多数在 30 岁以下。在开始发布内容之前，对目标用户进行市场调查很重要。确定目标用户的年龄、性别、地点、兴趣、习惯、分析这些数据信息就可以确定其他行为：他们经常使用什么主题标签？经常浏览哪些版块？他们还对哪些品牌感兴趣？他们在 Instagram 上关注哪些人？这是进行 Instagram 营销很重要的一步。

（二）确定业务目标

在制定 Instagram 营销策略时，必须始终将业务目标放在首位，以免浪费时间和资源。写下通过 Instagram 营销要实现的目标列表，这些都会随着不同的企业和行业而自然发生变化（从建立一个活跃的社区、提高品牌意识到形成转化等）。这些目标中的每一个都有不同的跟踪指标，需要不同形式的内容。通过跟踪指标，卖家可以在 Instagram 营销策略中尽早缩小这些领域，以便进行更加精准的营销。

（三）分析竞争对手

分析竞争对手和确定目标用户同样重要，在制定 Instagram 营销策略时，需要在 Instagram 上确定行业同行，以了解他们的情况以及借鉴他们做得更好的地方。需要考虑以下几点：他们的参与率是多少？（喜欢＋评论÷追踪者人数×100）他们对评论有回应吗？他们的粉丝会问什么问题？他们在用什么主题标签？他们主要使用什么形式的内容？他们通常做什么活动？

在制定 Instagram 营销策略时，卖家可以分析其所在行业的大公司，明确地看到他们最新的动态，例如发布的内容和新的促销活动等。另外可以一次看多个品牌，看看他们的策略，了解竞争对手尚未推广的地方，获取更多推广和销售机会。

（四）制定内容规则和品牌策略

制定内容规划可能是 Instagram 营销战略中最关键的部分，决定了如何更好地展示品牌并实现业务目标。内容创建占用了公司的大量资源，因此每一次内容规划都需要用心准备。利用好图片、视频、文字内容、故事，并且可以利用一些营销手段，比如礼品、有影响力的话题、转发有营养的帖子等。通过对目标用户和竞争对手的调查分析了解最适合 Instagram 营销的内容形式。此外，品牌策略对 Instagram 营销战略的制定也至关重要。

（五）主题标签

标题是影响 Instagram 营销策略的另一关键因素。卖家可以与目标用户就同一个话题进行交流，并传达关于品牌的故事。主题标签也是卖家 Instagram 营销策略的重要组成部分，标题或第一条评论将出现在 Instagram 上，以促进 Instagram 营销的开展。

（六）跟踪进度

社交媒体营销应不断挖掘、学习和优化内容。在制定 Instagram 营销策略时，可以跟踪关键指标（与目标相关），以找到最合适的内容。了解在 Instagram 上寻找最佳发布时间，跟踪粉丝的互动时间，了解粉丝参与度，了解粉丝互动的话题和内容。通过数据分析可以了解哪些内容对目标用户有效，哪些不适用。通过分析可以轻松掌握性能最佳的内容，并为 Instagram 营销找到完美的内容营销技巧。

四、Instagram 的营销策略

（一）把用户带到幕后，呈现幕后故事

相比台前的演出，用户更喜欢看到幕后的内容。这种透明度可以让用户感觉正在了解品牌背后"真正"的卖家，不仅可以建立卖家与用户之间的信任度，还是一个创意的内容角度。展示幕后内容不必像其他照片和视频一样完美无瑕，而是需要真诚地去讲故事。

（二）转发用户生成的内容

用户生成的内容是可以使用的最有说服力的内容之一，它表明了社区的用户参与度很高，可以赢得更多用户好感，并激发更多用户生成内容。需要注意的是，如果想在动态里面发布 UGC（用户生成内容），要确保它是有效的、符合品牌定位的。

（三）将聚光灯打向员工

制作并发布一些关于企业员工的内容是一个不错的选择。可以是员工自拍，或者其他人的"偷拍"，这类内容是向用户展示品牌人性化的一种方式，比较容易让卖家与用户形成情感联系。

（四）以有趣的视角宣布新产品或新业务

在 Instagram 上宣布新产品或新业务，是一个非常简单的内容类型，尤其是当有了一定粉丝量之后，这是把自己的喜悦分享给用户，并鼓励用户更多关注的一种方式。比如上架了一个新产品，可以第一时间告知用户，并提供一些新产品优惠给忠实用户。再比如，在业务实现了一个阶段性的目标之后，也可以分享给用户，并感谢用户的支持和关注。

（五）举办竞赛并提供赠品

想要快速获得大量的参与度，举办竞赛并提供赠品是个行之有效的方法。竞赛会刺激用户谈论品牌，通常可以产生很多用户生成内容。为了达到最佳效果，还需要提供与目标用户相关度高的奖品。

（六）抓住时机发布季节性帖子

很多用户都喜欢节日气氛，比如欧美国家比较重视的感恩节、圣诞节等，甚至像国际爱犬日、全国冰淇淋日这样的非官方节日，都可以借势做内容营销。需要注意的是，这类帖子一定要使用季节性帖子，因为季节性帖子的最大好处之一就是，当下的标签是直接相关的，意味着更多的用户会搜索到产品内容。

（七）发布企业参与社会活动的信息

Instagram 是展示企业参与任何活动的绝佳场所。比如，参与了什么比赛、公益活动，等等。但这类内容不要做得太死板，更好的方式是从一个活动参与者的角度去呈现卖家在这个过程当中的波澜。

（八）与网红合作生成内容

如果卖家希望在 Instagram 上快速积累粉丝、收获关注度，网红营销是一个捷径，但成本会比卖家自己去做内容更高。当然，不必去找拥有几十万粉丝的大牌网红，多数情况下，联系一些微网红也是可以的，这些网红可能只有几万个粉丝，但他们可能更愿意与小型企业合作，价格也不会太昂贵。

（九）与其他商家做联合推广

与其他商家联合推广可以是有意为之，也可以是即兴发起的。不论已经和对方建立了合作关系，还是在帖子中提到了他们，都可以建立有价值的联系。比如，如果销售瑜伽服，便可以和销售瑜伽垫的商家合作；如果卖烘焙用品，可以与正在进行特卖的面包店联合推广。

（十）抛出问题并提供答案

如果想为关注者提供更多的价值，策划问答型内容是个不错的选择。在 Instagram 上回答用户的问题可以刺激更多人关注，既可以用文本或者图片的格式做问答内容，也可以把它们做成短视频。另外，Instagram 有一个叫作问题贴纸的功能，可以用它来征集用户的答案，并用照片或视频分享回复。

（十一）进行直播

视频直播是另一种可以帮助增加用户参与度的内容类型。卖家可以通过直播回答用户的问题、展示幕后故事，或介绍自己的新产品，还可以在直播结束后将直播视频剪辑成新的素材发布在故事中。

（十二）用个人资料推广品牌

Instagram 简介能帮助卖家吸引新的用户。可以在 Instagram 简历上加上关键词，这样新的用户就能找到品牌或者产品；搜索引擎优化的关键字可以帮助档案在各种在线搜索引擎的搜索结果页面中显示更高的位置，并帮助吸引更多的潜在用户；也可以使用独特的或品牌的标签，以更好地联系网络用户，并激励新的用户加入进来。

案例链接

四个 Instagram 品牌营销案例

Instagram 已经成了品牌必争之地，广大跨境电商卖家都在纷纷学习如何将营销技术与艺术相结合，使自己脱颖而出。以下介绍了四个融合参与、互动的 Instagram 活动。

一、Mercedes - Benz

梅赛德斯-奔驰自行开发了一款名为 Untamed 的社会化媒体工具，其理念与梅赛德斯-奔驰一款 CLA 级新车的设计理念相映成趣。公司将该应用的处女秀设在巴黎，并在 Instagram 上通过晒照片进行了大肆宣传，由此获得巨大成功。打破常规又野性十足的奔驰 CLA 引领粉丝们写下了他们对 Untamed 的独特理解。它的目标绝对不是运用仿真图片随意创造一个平庸的活动，而是通过整合真实的照片来构建一个独立的数字式图像，让一群来自世界各地的艺术狂热爱好者能够欣赏这些位于市区中心精心打造的展示,在这里,充满生机、绚烂缤纷的 Instagram 图片组成了独具匠心的生活空间,供人们欣赏、享受,如图 4-4-7 所示。

图 4-4-7　Instagram 图片展示

这项数字活动成为一个讲述打破常规,融合营销、社会化媒体以及艺术方向是如何帮助品牌提升产品形象的典型案例。

二、Nike

Nike 在 Instagram 上曾经开展过一次成功的定制活动:用户可以在 Instagram 上创造自己的新鞋子,既通过个性化定制的方式招揽顾客,同时也让用户尝试了一把当设计师的滋味,一举两得,如图 4-4-8 所示。在这次 NikeiD 的新活动中,他们主打社交牌,粉丝们有机会互相鼓励和启发,与整个社交群体分享他们的设计和点子。

只需轻轻一点,用户就能选择他们最喜爱的照片作为 Nike Air 的背景,然后就可以根据照片的颜色进行个性化定制了。这个 Nike PHOTOiD 网站不仅能让用户自己设计球鞋,更能浏览他人的设计理念,购买自己的定制产品并在 Instagram、Facebook、Twitter 上进行分享。对于个人之于社会化媒体的意义来讲,这次活动赋予了它新的含义。

图 4-4-8　Nike 在 Instagram 上的定制活动

三、Red Bull

作为具有前瞻性思考的品牌,它不只在内容营销上居于领先,在智能销售方面也绝不示弱。但这次,红牛还是给了大家一个惊喜。一个名为 Instagram Your Inspiration(传递你的灵感)协作项目带给了人们红牛般的乐趣享受,如图 4-4-9 所示。通过 Instagram 的视角,红牛鼓励英国的粉丝们上传带有明显红色、蓝色、银色(这些颜色都是红牛最新口味饮料的主题颜色)并给人启发的照片,照片需标上 red edition please(请选择红色)、silver edition please (请选择银色) and blue edition please (请选择蓝色) 这样的字样。

最有趣的是,入围的图片都被制作成了展板,随后在英国的5个不同的城市进行了展出。创造一个真实的协作项目与粉丝互动,并让他们有机会在他们最爱的城市中大展拳脚,这样的理念已经与以往的 Instagram 活动有很大的不同。或者,如果你愿意的话,为粉丝们的创意插上翅膀也是个不错的选择。

图 4-4-9　红牛的 Instagram Your Inspiration 协作项目

四、Kellogg's

食品制造品牌 Kellogg's 有一个很好的主意,他们把 Instagram 的图片变成了一种货币。在斯德哥尔摩,这家 Kellogg's 专卖店摇身一变成了 Instagram 图片商店 (Instashop),在这里,拍下商品照片并上传到 Instagram 上就可以换取一盒免费的谷物食品,如图 4-4-10 所示。

图 4-4-10　Kellogg's 的一家专卖店在 Instagram 上做活动

这招简单有效,Kellogg's 的方法成为推销新产品、促进销售的首选途径。很久之前,Kellogg's 就已经发现了 Instagram 的巨大力量,它在瑞典是最受欢迎的社交渠道之一,因此,这次 Kellogg's 选择 Instagram 绝对胸有成竹。据 Kellogg's 方面回应,这次麦片粥的免费赠送绝对物超所值,随着人们在 Instagram 上的分享,一大批的新订单和粉丝热情参与的社会化互动接踵而至。

分析提示

　　Instagram 的确深受各类品牌的喜爱，其根本原因在于人们对直观照片的偏爱。但是值得注意的是，以上四个案例都并没有把图片分享当作主要手段，而是一个实现更有趣活动的途径。所以，优秀的营销需要融合多种手段，避免单一。

📓 笔记区

职业技能训练

1. 训练目标

(1) 培养学生具备社交媒体营销的思维。

(2) 培养学生具备 Instagram 营销推广的能力。

2. 训练内容

青岛某假睫毛公司是生产假睫毛、批发假睫毛、出口假睫毛的专业厂家,公司生产的多种假睫毛畅销韩国、美国、加拿大、德国、日本、中国香港等国家和地区,假睫毛质量一直在同行业中处于较高水平。为了开拓国际市场,扩大公司和公司网站的知名度,公司打算采用 Instagram 营销方式进行公司网站和产品的推广。

请帮助该公司完成 Instagram 营销过程中相关任务的实施,制作一份 Instagram 营销推广方案。

任务评价

1. 本次任务的技能点评价（如表 4-4-1 所示）

表 4-4-1　本次任务的技能点评价

序号	技能点评价	佐证	达标	未达标
1	Instagram 广告类型	能够熟练掌握 Instagram 广告的几种类型		
2	Instagram 广告投放步骤	能够熟练掌握 Instagram 广告投放步骤		
3	Instagram 营销步骤	能够熟练掌握 Instagram 营销步骤		
4	Instagram 营销策略	能够熟练掌握 Instagram 营销策略		

2. 本次任务的素质点评价（如表 4-4-2 所示）

表 4-4-2　本次任务的素质点评价

序号	素质点评价	佐证	达标	未达标
1	创新意识	能够在 Instagram 营销推广中体现创新思维		
2	协作精神	能够和团队成员协商合作，共同完成实训		
3	资源的查找、整合能力	能够进行相关资源查找和整合		
4	职业道德、法律意识	能够掌握相应的 Instagram 营销推广的技巧和规范		
5	严谨的工匠精神	能够在 Instagram 营销推广案例中做出精确分析		
6	自我学习能力	能够运用 Instagram 营销推广的相关知识和技能		

素养提升

跨境卖家注意！开展数字营销，这 3 条法律红线不能碰

1. 知识产权

营销人员有时会使用其他内容创建者的版权财产来协助其广告宣传，例如照片、音乐、录像等，但是并未经过他人的许可。

比如说，有些营销人员从 Google 搜索中获取随机图像并将其用于自己的品牌宣传中，但是 Google 上显示的大多数图像都不是免费使用的，在将其应用到自己的作品之前，营销人员需要获得授权所有者的许可。

而且，修改他人的内容并不会避免侵权，未经同意而擅自更改材料可能会导致更大的麻烦。

2. 隐私法

全球大多数国家/地区都制定了隐私法律，监管机构也禁止发送垃圾邮件。因此，市场营销人员在收集个人信息之前需要通知到消费者并获得他们的同意。

3. 消费者营销

美国联邦贸易委员会（FTC）禁止营销商作出任何虚假声明，以误导消费者或影响其做出购买决定。营销声明应以证据为依据，不得遗漏任何有关产品功能的信息。

具有误导性的营销和广告包括关于产品/服务特征的虚假声明、关于产品质量或来源的虚假声明、误报价格、隐藏费用、遗漏重要信息……

另外，除了 FTC，卖家也要多关注其他监管机构规定的政策，比如国家广告审查委员会（NARB）和儿童广告审查部门（CARU）等。

最后，除了避免侵犯他人权益，卖家也要注意保护自己的数据，以免其在互联网上被滥用。

（资料来源：百度。https://baijiahao.baidu.com/s?id=1690005610013897556&wfr=spider&for=pc）

项目五　跨境电子商务活动营销及内容营销

【知识目标】
(1) 了解主要国家的市场概况。
(2) 了解跨境电商的主要营销节日。
(3) 掌握跨境电商活动营销的概念、类型、优势和策划。
(4) 掌握基于平台的跨境电商营销活动的概念、意义和设计方法。
(5) 掌握跨境电商节日营销活动策略。
(6) 掌握跨境电商内容营销的概念、类型和策略。

【能力目标】
(1) 具备策划基于跨境电商平台的营销活动的能力。
(2) 具备策划跨境电商节假日营销活动的能力。
(3) 具备进行跨境电商内容营销策划的能力。

【素质目标】
(1) 在进行跨境电商活动促销时，能够尊重进口国的贸易惯例、商务习俗和消费习惯。
(2) 在进行跨境电商内容营销时，能够讲好中国品牌故事，助力中国品牌顺利出海。

思维导图

项目五 跨境电子商务活动营销及内容营销 —— 任务一 全球主要国家的市场概况与主要节日
　　　　　　　　　　　　　　　　　　　　—— 任务二 跨境电子商务活动营销
　　　　　　　　　　　　　　　　　　　　—— 任务三 跨境电子商务内容营销

运营故事

万圣节内容营销

万圣节已经成为欧美最受欢迎的节日之一，而对商家而言，其几乎和圣诞节一样存在巨大的商机。以下是万圣节内容营销要诀及相应案例，出口卖家可以参考相关做法，打造万圣节爆款内容。

1. 推出万圣节促销活动

相比感恩节、黑色星期五、网络星期一等扎堆的11月促销活动，在万圣节推出独一无二的促销或许更能吸引眼球。商家可以在万圣节的主题邮件中附上折扣码，切记勿直接将折扣码作为正文内容，利用有趣的语言作为主题引导会更吸引顾客。除此之外，一些有视觉冲击的图像以及促销限时提醒也会激发顾客的购物欲。

2. 为站点增加万圣节元素

对自建站卖家而言，在站点页面增加万圣节元素是非常棒的做法。当然这不意味着重新设计整个网站——把站点页面想象成一个橱窗，增加节日元素是激发兴趣吸引目光的不二选择。如果商家计划进行万圣节促销活动，则可以考虑替换页面横幅，选择更有节日氛围的设计，例如图5-1-1中的The Body Shop的做法。

图5-1-1　The Body Shop在万圣节的营销活动

3. 充分利用社交媒体

万圣节的话题和讨论在社交媒体上十分受欢迎，有趣轻松的内容通常更能带给受众愉悦的假日感觉。商家无须为了万圣节而疯狂地进行推送，相反，一些微妙的切入角度和内容设计或许更符合社交媒体的审美并且更受欢迎。以下是几个重要的利用社交媒体平台的小技巧：

一是充分利用万圣节元素。

如图5-1-2中吉普汽车的例子。吉普汽车的社交媒体内容选择了非常简单的方式，即在南瓜灯上雕刻品牌的标志，但这无疑是一个省时高效的万圣节内容营销案例。简单的南瓜灯标志不仅吸引了平台用户的目光，同时也让吉普汽车的标志深深被人们所记住。和上文中提及的一样，商家无须将所有产品和万圣节联系起来，但可以发挥创造性思维来展现品牌。

图5-1-2　吉普汽车在万圣节的营销活动

而小蜜蜂（Burt's Bees）唇膏则把自己的热门产品进行万圣节的服饰装扮，十分可爱有趣，如图5-1-3所示。

图5-1-3　小蜜蜂唇膏在万圣节的营销活动

二是创建 DIY 教程。

万圣节加 DIY 是非常好的内容创意,尤其容易受到社交媒体上感兴趣用户的疯狂追捧。尽管这类内容并不适合所有商品,但如果卖家可以将自己的商品和 DIY 教程相联系,就可以推出创造性的内容并鼓励粉丝参与和分享,此时卖家所需考虑的就是自己的目标群体。例如销售美妆商品的卖家可以推送万圣节奇异风妆容教程,而厨房用品卖家则可以推送万圣节食物的制作教程。对于目前还没有想法的卖家而言,可以在 Pinterest 上通过关键词 "Halloween DIY ideas" 寻找此类内容的灵感。

例如 The Body Shop 就在去年创建了关于把产品空包装 DIY 成万圣节装饰品的教程,这一可持续使用的环保理念搭配万圣节元素为它们赚足了不少好评,如图 5-1-4 所示。

图 5-1-4　The Body Shop 在万圣节发布的教程

建材零售商百安居(B&Q)在去年万圣节通过 Facebook 推送了 DIY 南瓜灯的视频,如图 5-1-5 所示。不同于普通的南瓜灯,教程中的南瓜灯恰巧是时兴的独角兽风格,而这一次的内容营销也推动了百安居的销售和品牌互动。

图 5-1-5　百安居万圣节的南瓜灯视频

三是打造万圣节版产品阵容。

商家还可以在商品包装上花心思，尤其是对于老客户而言。万圣节期间消费者的主要花费集中在四个类别：糖果、装饰品、贺卡和服装。卖家可以在万圣节前夕多留一手，为客户准备特别的万圣节产品包装作为特别惊喜，感谢他们的支持，并以此维护客户关系，提升品牌忠诚度。对客户而言，收到一份这样的商品是令人兴奋的，尤其是当里面有更多的惊喜时，就会更加开心。这意味着卖家也可以把"不给糖就捣蛋（Trick or Treat）"的万圣节文化引入产品的销售中。除了节日版本的包装，一些如糖果、巧克力等的低成本的精致礼物可以迅速捕获客户的心。除此之外，商家还可以在商品中附上万圣节的主题感谢信，甚至可以留下一个专属的折扣码，留下良好的品牌印象的同时，也间接地促进销售。

（资料来源：雨果跨境。https://www.cifnews.com/article/38339）

 分析提示

从内容营销的角度出发，万圣节是卖家通过一些有趣的主题营销传递品牌个性、促进销售的好时机。卖家无须为了参加万圣节的促销互动而重新选择与万圣节相关的产品；相反，以万圣节为主题的内容营销配合节日色彩润色就可以帮助卖家驱动流量、增加销售。

任务一　全球主要国家的市场概况与主要节日

 任务描述

小王所在公司跨境网络营销部门在熟悉了社交媒体营销方式后，就要开始完成跨境电商活动营销及内容营销的相关任务了。首先，小王需要了解全球主要国家的市场概况，以及全球主要节日及其营销思路。

 知识嵌入

一、全球主要国家的市场概况

出口跨境电商面对的是国外消费者，是否能够了解这些消费者的消费心理、消费习惯、消费取向对于中国卖家卖好产品、开发产品有着至关重要的意义。北美、南美、欧洲、东南亚、俄罗斯、非洲的买家都有哪些特点？这些国家和地区之间的市场状况和差异又有哪些？以下将对这些内容进行盘点。

（一）北美市场

北美市场是中国跨境出口的主要市场，其中美国是世界上最大的电子商务市场之一，在线买家数量众多，在线消费能力极强，市场容量非常大。美国人不但极少储蓄，而且很

多人都会办理几张信用卡进行超前消费，因此也使得美国成为全球最大的消费市场。

因为历史的原因，美国存在着大量的移民，他们来自不同的国家和地区，拥有不同的文化习俗，所以他们对市场上的商品拥有很强的接受度，非常愿意尝试和购买新产品，只要产品的质量和品质确实不错，他们就会记住这个牌子，以后有需要的时候进行重复购买。

另外，美国非常重视商标和专利，中国的跨境卖家千万不要在这方面铤而走险。如果在当地建立了仓储或者售后点，还要注意环保、税务、劳工等方面的问题。美国电商的最大节日都集中在下半年，比如圣诞节、网购星期一、黑色星期五等，这些节日是美国电商平台的销售旺季，加在一起能够占到全年销售额的三分之一以上。

（二）南美市场

南美共有十几个国家和地区，大部分属于发展中国家，总人口在5.7亿左右，是跨境电商的一个新兴市场。随着当地互联网普及程度的日益增加，南美的跨境消费群体也在不断增长，一些年轻的南美消费者的消费能力越来越强，而且他们移动化购物的人群比例也在增长。

另外，南美人并不倾向于将资金进行储蓄，这给中国的跨境卖家带来了一定的商机。只是南美的物流始终处在相对落后的状态，即便是南美洲最大的国家巴西，也只是主要的物流通路比较完善，支线物流通路还比较差。

作为世界人口大国之一，巴西近几年在支付和物流方面的基础建设正在逐步完善，基于这一点，其潜在的市场红利还是有被进一步挖掘的可能性。根据目前的调查数据，巴西人对手机和平板电脑的需求量相对较大。

（三）英国市场

英国是世界上主要的贸易国家之一，也是联合国安理会五大常任理事国之一，英国人非常具有绅士风度，无论在生活中还是工作中，都非常温文尔雅。同时英国人的计划性很强，特别看重礼仪，在产品上则比较关注细节，追求产品的质量和实用主义。

近几年以来，英国电商在快速发展着，网络下单和支付规模在不断刷新以往的记录。据统计，有80%以上的英国网民都在网络上有过多次购物的行为，这个比例在G20国家中是非常之高的。

做英国市场的中国跨境商家，可以按照英国消费者的习惯、喜好、风俗文化、消费特征等条件进行本地化的运营，了解英国的历史和节日，在这方面策划相应的活动，或许会取得意想不到的效果。

（四）法国市场

法国消费者一般会在网站上直接搜索自己想要的产品，准确、全面和富有吸引力的产品信息能够更有效地吸引他们。他们的网购目的性相对而言比较强，很多时候都是确定了想要购买什么产品才去网上进行购买的。

法国网上购物的客户群主要集中在25～40岁，女性客户多于男性客户。因为法国旅游业很发达，所以很多法国消费者购买的产品都与旅游、文化和服务有关，当然也有一些法国人购买3C、服装、美容类的产品。

在法国，银行卡支付是主流的在线支付方式，其他支付方式法国人使用得比较少。当然PayPal是个例外，它在法国在线支付市场上大行其道，是除银行卡支付以外的第二大支付方式。

（五）德国市场

一说到德国，一般人都会想到德国人的工匠精神，以及他们的严谨和专业，也正是由于这些优秀的品质，才让德国出现了 2000 多个世界名牌，出现了宝马、奔驰、奥迪这样的德系汽车。

德国本土的产品已经足够优质了，所以外国的产品要想在德国市场上立足，就需要在品质上精益求精，才能得到德国人的认可。同时我们要知道，德国的退货率较高，将近 50%，这与德国法律和德国人的消费行为有关。德国法律规定网购时，消费者可以将没有开封的商品在 14 天内退回，而德国人也经常会购买多个颜色或者尺码的产品，在试用过后将不满意的那部分退掉。

德国人的消费观念相对理性，基本上不会冲动消费，购买奢侈品的人比较少，相对外在的追求，他们更注重的是生活的品质。此外，德国人很看重节日，每当重大节日时都会跟朋友互赠礼物，借此联络和增强感情。

（六）俄罗斯市场

俄罗斯市场和中国市场是一个高度互补的市场，其国内的重工业和轻工业比例严重失衡，他们对日常消费品的进口需求很大，这其中包括服装、鞋子、电子产品、配饰等。这给中国的跨境卖家带来了机遇和挑战。目前俄罗斯共有 1.43 亿左右的人口，市场容量和规模还是很大的。

在俄罗斯市场上，支付和物流是一个障碍，由于俄罗斯人对网络支付的安全性持有怀疑态度，所以很少有人使用电子支付，仍是以现金支付的方式为主。而俄罗斯小包的时效还是在 20~30 天，物流体系的不完善由此可见一斑。

俄罗斯网购人数占其总人口数的 2% 左右，比较关注的是产品的性价比，在产品的选择上会有一定的滞后性。过去在中国网站上购买跨境商品的多是一些低端的消费人群，现在俄罗斯一些主流的消费人群也渐渐开始在线上购买商品了，这也给中国跨境卖家带来了不少的机会。

这几年，俄罗斯市场在不断地发生变化，变得更加包容和开放了，这让中国的卖家在俄罗斯市场拥有了更加深入的可能性，比如设立一些办事机构，或者寻找一些当地核心的合作伙伴进行渠道的开拓，甚至包括品牌的售后服务。

（七）日本市场

日本本土有乐天平台这样的电商巨头，大部分的消费者会选择在亚马逊和乐天这样的大型电商平台进行购物，只有极少部分会在谷歌等搜索引擎上去搜索，或者选择独立的小型购物平台。

日本网上购物的支付方式主要为信用卡和网银支付，目前使用手机上网的人数已经超过了电脑上网的人数，所以他们也会经常使用手机进行网上购物。实际上，在全球普及以前，日本人就已经开始使用 NFC 等创新型的支付方式了，以 NTT DOCOMO 为代表的移动运营商，也在手机支付产业链中占据极其重要的地位。

日本人口数量为 1.3 亿左右，是典型的月光族国家，几乎每个人都持有信用卡，互联网普及率高达 81%，网络消费意愿非常强，只要中国的跨境卖家有针对性地选择产品，筛选出好的渠道，就有可能获得成功。

（八）韩国市场

韩国的网速多年位于世界第一位，约有 80% 的人活跃在网络上，而且他们当中的大部分会网购，网上购物市场非常发达。相对其他网络设施比较落后和网购习惯尚处于培养阶段的国家而言，韩国市场相对容易进入一些。

韩国女性人口在 2500 万以上，是跨境网购消费的主要群体，女性服装、美妆、饰品等，都是很受欢迎的产品。不过韩国人的在线支付方式比较封闭，一般只使用韩国国内银行，Visa 卡和 MasterCard 用得很少。

（九）印度市场

印度市场还处在一个起步时期，但增长速度很快。和中国不同的是，它的 PC 互联网时代非常短暂，随着智能手机的普及，已经向移动互联网时代转型了，使用手机购物的人群比例在逐渐增加。

目前印度的互联网用户数量已达到 3 亿，但在线购物的比例还不到 1%。他们比较青睐的商品有中国的书籍、服饰、鞋帽、化妆品以及消费类电子产品等，中国制造的优势在这里发挥得淋漓尽致。

（十）东南亚市场

东南亚人口众多，是一个典型的多语种的区域，语种在 10 种左右，中国跨境卖家想要开拓东南亚市场，多语种的跨境电子商务运作就变得非常重要。东南亚本土电商发展较好，比如 Lazada 就很受欢迎，目前 Lazada 已被阿里巴巴集团所收购。

东南亚的互联网买家大部分是基于移动端，其移动端的交易比例在 62% 以上，因此进军东南亚市场，适应当地的移动消费群体的习惯和需求是很重要的。当前东南亚还是一个非常具有前景和吸引力的消费市场，进入壁垒略高，未来的增长空间值得期待。

（十一）中东市场

中东的人口基数庞大，市场广阔，消费者的平均年龄很小，因此适合年轻人的产品在当地较为畅销，比如香港的玩具等。与此同时，年轻人追求的新奇、潮流和时尚产品，在这里也很适用，有不错的表现。

中东地区的居民由于互联网的高普及率，跨境网购行为较为频繁，尤其是当地的产油国，物资缺乏但很富裕，也造成了他们对于网购的热情。中国的跨境卖家只要利用好这份热情，就能够在中东市场上大有可为。

（十二）非洲市场

非洲人口众多，其中南非和尼日利亚的网络零售的发展速度居于非洲的领先位置，它们都被视为非洲重要的新兴市场，当地越来越多的居民参与到了跨境购物的群体当中。

但由于非洲在基础设施和物流网络等方面的建设还不是很完善，可以选择的物流方式非常有限，当前非洲的一些国家正在这两方面进行改善。相信随着跨境电子商务的持续发展，对非洲日益增长的中产阶级而言，他们会步入一个全新的跨境购物时代。

非洲消费者和俄罗斯一样，对互联网支付的安全性持有不信任的态度，因此在非洲消费者的网购行为中，货到付款是非常普遍的支付方式。从这个层面来说，非洲的电商之路仍需要很长一段时间的培养。

二、全球主要节日及其营销思路

（一）1 月

关键词：元旦、CES 国际消费电子产品展、日本成人之日、春节和元宵节。

1. 元旦

元旦为全球性节日，当日为世界多数国家的法定假日，放假日数则依各地民情而有所不同。不过由于西方国家前两个月的节日过于密集，开支预算基本用完，因此消费能力疲软。主推产品：贺卡、礼品、电子产品、饰品、运动服饰。

2. CES 国际消费电子产品展

1 月 6 日是每年创新产品第一展台，各厂商都会推出最前沿的热门技术和产品。而随着物联网和可穿戴设备的发展，如今 CES 不再限于传统科技类电子产品，所有能够联网的产品都有可能来这里走一趟，因此电子类产品是主卖品。

3. 日本成人之日

日本成人之日在每年的 1 月 15 日，目的向全国于该年度年满 20 岁的青年男女表示祝福。礼物类和纪念类商品热销，不过需要结合一定的国情和软文推广，例如可以结合自己的产品切入主题制作视频投放到社交平台。

4. 春节和元宵节

春节和元宵节是中国人及全球华人的节日，与年货、吃、送礼、聚会等关键词相关的都是热卖品。主推产品：厨房用品、酒、保健品、老年人用品、茶叶、服装、鞋帽、珠宝、彩灯、婴幼儿用品、消费类电子产品。

在国外 1 月份也是旅游和健身的高峰，与之相关的产品也属于热销品；1 月冬季服装打折，因此也是服装的销售旺季。

（二）2 月

关键词：林肯诞辰、情人节、总统纪念日、超级碗、学生返校季。

1. 超级碗

超级碗一般在每年 1 月最后一个或 2 月第一个星期天举行，那一天被称为超级碗星期天（Super Bowl Sunday）。超级碗多年来都是全美收视率最高的电视节目，并逐渐成为美国一个非官方的全国性节日。另外，超级碗星期天是美国单日食品消耗量第二高的日子，仅次于感恩节。很多球迷会举行超级碗聚会，邀请家人朋友在一个超大电商屏幕前聚餐。超级碗星期天实际上已经成为很多美国人的假日。

促销策略：大赛前几周，卖家可以通过邮件创建"超级碗"销售目录，通过发送邮件来吸引访客量。可以在微博、Facebook、YouTube 等社交网站上录制视频发布，同时进行点评、有奖竞猜等来吸引关注进行引流。

2. 林肯诞辰（2 月 12 日）和总统纪念日（2 月 20 日）

这两个节日与阵亡将士纪念日、感恩节等享有同等地位。每年的这一天，美国人都会用一些特殊的方式来重温历史，缅怀他们心中备受尊敬的伟大总统，学校和家长也会在这一天对孩子进行爱国主义教育，让他们了解和熟悉美国的历史。这两个节日也是传统的零售商促销日，电商和实体店都进行促销。

3. 情人节（2 月 14 日）

情人节又叫圣瓦伦丁节或圣华伦泰节，是西方国家的传统节日之一，起源于基督教。卖家可以发送一封情人节邮件，推荐一款男士礼物和一款女士礼物，过多的产品推荐会让人产生选择恐；同时在社交网站上有奖评选出最佳情侣照等方式来吸引粉丝进行引流。主推产品：服装、鞋帽、包、护肤品、珠宝、巧克力、鲜花、有纪念意义的物品。

4. 学生返校季（2月10日）

返校季是服装鞋类的一个热卖季节，也是手机、消费电子产品、办公用品、运动用品的一个热卖月。

（三）3月

关键词：妇女节、植树节、奥斯卡、SXSW、全美高校篮球锦标赛。

1. 国际妇女节（3月8日）

妇女节可以推化妆品、鲜花、珠宝首饰、服装、手提包、假发等针对女性的商品，"女权"商品和女性保健商品也是近年的热点。

2. 植树节（3月12日）

据联合国统计，现在世界上已有50多个国家设立了"植树节"。植树节是园艺产品的销售旺季，可以宣传一些与环保相关的商品，提高品牌的知名度。

3. 奥斯卡

星光熠熠的奥斯卡颁奖典礼红毯已然铺到了互联网，仅2019年一年与奥斯卡相关的词条在Google搜索引擎上的搜索数量就达到了几千万次。同时它也成为时尚的风向标，卖家可以根据自己的产品性质穿上奥斯卡的外衣提高知名度。

4. SXSW

SXSW是英文South By Southwest，指每年美国得克萨斯州奥斯汀举行的电影、交互式多媒体和音乐系列艺术节。其中音乐节极其盛大，办到了同类型活动的全球最大规模。卖家可以在微博、Facebook、YouTube等社交网站上进行话题讨论，从而得到粉丝的认可，为后期的引流做足功课；同时还要继续监控社交媒体账户，利用社交平台来追踪节日里的关键词动态趋势，以便能主动作出回应，甚至可以根据研究的关键词设定几个预设回复。

5. 全美高校篮球锦标赛

"高校篮球"或"疯狂三月对阵名单"等搜索词条总会在3月前后刷爆Google搜索引擎，因为让众多NBA球星一举成名的赛事——全美高校篮球锦标赛就是在"疯狂三月"举行。促销策略可参考超级碗。西方所有体育盛会和节日庆祝活动有着非常相似的特点，那就是大部分人会在晚上聚到一起庆祝，所以"发光"产品将是首先需要具备的，其次是与聚会相关的产品，包括酒具、舞台用具、化妆用具等。

3月家居用品会在春夏季节快速升温，美容化妆产品会随着春季新品到来而强势反弹。

（四）4月

关键词：愚人节、国际儿童图书日、世界卫生日、泼水节、国际知识产权日、复活节。

1. 愚人节（4月1日）

愚人节的内容从过去的玩笑整蛊等慢慢过渡到了假新闻、假事件等的传播，卖家可以借此主推一些魔术类、整蛊类以及玩具类的商品。

2. 国际儿童图书日（4月2日）、世界卫生日（4月7日）、泼水节（4月13日）、国际知识产权日（4月26日）

这几个节日一般只能针对相应的产品做短暂的推广，不过作为公益性的节日都适应以软文的形式提高形象和品牌知名度。

3. 复活节（4月16日）

复活节也是一个传统的零售促销日，但是很多卖家都会用常规价格推广复活节商品。

一些卖家会推出彩色的春节裙装或套装，人们可能会在复活节去教堂礼拜的时候穿；另一些卖家主要推出复活节装饰手工艺品。

4 月是婚礼筹办的好季节，伴娘礼服或婚礼用品的销售比较火热，家具、家居用品、女鞋销售会随着婚礼的需求而剧增。

（五）5 月

关键词：劳动节、母亲节、护士节。

1. 劳动节（5 月 1 日）

国际劳动节又称"五一国际劳动节""国际示威游行日"（International Workers' Day 或者 May Day），是世界上 80 多个国家的全国性节日，也是全世界劳动人民共同拥有的节日。

2. 母亲节

母亲节是一个为感谢母亲而庆祝的节日，世界各地的母亲节日期有所不同。时尚饰品、珠宝产品、箱包产品、化妆品、贺卡会随着母亲节的到来而变得销售火热，保健品、养生产品、纯天然产品也会在此时得到热卖。

3. 护士节（5 月 12 日）

国际护士节是为纪念现代护理学科的创始人弗洛伦斯·南丁格尔于 1912 年设立的节日，其基本宗旨是倡导、继承和弘扬南丁格尔不畏艰险、甘于奉献、救死扶伤、勇于献身的人道主义精神。卖家可以主推一些跟护理相关的医疗器械类产品。

（六）6 月

关键词：儿童节、世界环境日、父亲节、E3 游戏展。

1. 儿童节（6 月 1 日）

儿童节是全球儿童最开心的节日，这一天儿童可以疯狂地玩，可以收到各种各样的礼物。儿童节热卖产品有玩具、游戏类周边产品，近几年乐器也很受推崇。另外卖家也可以结合自己的产品创建一个主题鲜明的官网，整个网站上只销售一款产品，而这款产品只用一句口号，那就是"让爸爸妈妈放心（Peace of Mind）"，整个网站的设计只体现一个主题，那就是"孩子"。

2. 世界环境日（6 月 5 日）

世界环境日主推环保产品。

3. 父亲节

许多新手爸爸都愿意把更多的精力投到孩子身上，对于成为完美父亲的责任感甚至比母亲更加强烈：大部分的年轻爸爸会上网搜索育儿信息。主推产品：剃须刀、领带、香水、袜子、护肤品、平衡车、电子产品、手机、电脑、户外产品。

4. E3 游戏展

E3 游戏展是全球电子游戏产业最大年度商业化展览之一，又名"电子娱乐展"。E3 召开期间，Google 游戏词条的搜索热度连年增长。E3 在 YouTube 上的实时直播保证游戏迷们不会漏掉任何精彩瞬间。卖家可以借此主推一些电子游戏周边产品。

6 月，空调等制冷电器开始热销，手机、消费电子产品、桌球、户外用品销售比较火热，如防晒霜、太阳镜、浴巾、充气游泳池、泳装、烧烤用品、户外帐篷、睡袋、登山鞋、登山包、航拍器。

（七）7月

关键词：美国独立日、暑假、亚马逊Prime会员日。

1. 美国独立日（7月4日）

美国独立日是传统的零售商促销日。跨境电商卖家可以进行一星期的促销来迎合消费者期望。可以创建一份简单的特价清单，通过邮件发给消费者。根据之前的客户行为记录数据，可以让邮件附带的特价产品更加个性化，家具和家居用品的销售会因为婚礼等需求而进入旺季。主推烧烤和厨房用品、野炊装备、游泳装备、游侠装备、美国国旗、彩球，其他户外装备。

2. 暑假

外国孩子的假期主题基本围绕度假和自家后院做文章，所以涌现出烧烤、泳池派对等一系列搜索热词，热销产品还包括防晒霜和芦荟凝胶等护肤品。而对于讨厌阳光的宅人们来说，线上游戏则是暑假杀时间的必需品。国内主要以旅游、放松为主，还有经久不衰的课外辅导。

3. 亚马逊Prime会员日

亚马逊Prime会员日在7月上旬，以折扣产品，高需求、大批量产品为主。

（八）8月

关键词：返校季。

在返校季，只要和学生有关的都是主推产品，这是服装鞋类产品的一个热卖月，也是手机、消费电子产品、办公用品、运动用品的一个热卖月。

（九）9月

关键词：美国的劳动节、世界清洁日、纽约春夏时装周等。

美国的劳动节（9月2日）、国际新闻工作者团结日（9月8日）、世界扫盲日（9月8日）、国际和平日（9月21日）、世界旅游日（9月27日）、全民国防教育日这些特定日子可以做一些软文进行宣传，提高品牌形象。

世界清洁日和国际臭氧层保护日（9月16日）可以主推一些环保方面的商品；世界心脏日、世界海事日、国际聋人节、全国爱牙日（9月20日）可以主推一些医疗用品及相关辅助用品。

纽约春夏时装周可以主推时尚服饰、配饰、香水、高跟鞋、美妆产品。

9月是服装热卖的季节之一，美容化妆品会由于秋季新品到来而热销，9月也是滑雪用品热卖的月份。

（十）10月

关键词：印度排灯节、万圣节、国际音乐节。

1. 万圣节

万圣节是跨境电商卖家的狂欢节。这个节日是围绕糖果、聚会、贺卡和面具服饰的。10月31日是一年一度的全民Cosplay日，使用Google Trends定位目标市场的热门主题装扮，是必做的功课之一。主推产品：Cosplay服装、LED灯饰、鬼怪家装、鬼怪玩具、带万圣节风格的其他产品。

2. 印度排灯节

印度排灯节是印度重大的节日之一，相当于印度人的新年，全世界庆祝排灯节的超过

12 亿人，其中印度、尼泊尔等把它定为全国性的节日。当然，节日来临的前后，也是商品销售的旺季。10—11 月的印度排灯节，给予了人们大力消费的理由，家家户户都忙于到超市、商场采购各种各样的过节用品。这时印度民众的购买力非常强，家里需要重新置换的物品一般会在这个时期购置，所以卖家各施其法，吸引消费者购买。

另外，体育用品在 10 月份会强劲打折，毛绒玩具也会热销。10 月也是美妆和 DIY 词条的搜索高峰期，卖家也要抓紧商机。

（十一）11 月

关键词：双 11、感恩节、黑色星期五、网购星期一。

1. 双 11

这是所有电商卖家的狂欢节，需要提前做好宣传及库存。目前"双 11"在国外的影响也越来越大，很多电商平台在这一天都会有促销活动。

2. 感恩节（11 月 23 日）

感恩节是美国最大的节日，影响力超过圣诞节。因为美国人习惯在这一天全家人团聚在一起吃火鸡，所以厨房类用品销量将为此大增。主推产品：厨房用品、服装、鞋帽、珠宝、家装（特别是灯）、婴幼儿用品、消费类电子产品。同时礼品会随着冬季诸多重要节日进入热销季。

3. 黑色星期五

每年感恩节后的黑色星期五，都是剁手族和海淘族的狂欢节。黑色星期五是美国人疯狂购物的日子，很多人在感恩节团聚了之后第二天凌晨就冒着寒冬开始在自己喜欢的店铺外排队，等候全年最大的折扣。主推产品：厨房用品、服装、鞋帽、珠宝、家装、彩灯、婴幼儿用品、消费类电子产品。除了选购圣诞礼物的人，囤货的人也不在少数。

4. 网购星期一

网购星期一（Cyber Monday）是亚马逊（Amazon）专门发起的一个网购日，和中国的"双 11"一样，这一天 Amazon、Walmart、BestBuy 这些大的网上商城都会进行全年最大的打折促销。主推产品：厨房用品、服装、鞋帽、珠宝、家装、彩灯、婴幼儿用品、消费类电子产品。

（十二）12 月

关键词：世界足球日、国际篮球日、平安夜、圣诞节、新年夜等。

世界艾滋病日（12 月 1 日）、世界残疾人日（12 月 3 日）、世界弱能人士日（12 月 5 日）、国际民航日（12 月 7 日）、世界强化免疫日（12 月 15 日）等特定日子是提高公司及品牌形象的关键时刻，此时宜献出爱心，在客户心理树立一个良好的形象。

1. 世界足球日（12 月 9 日）和国际篮球日（12 月 21 日）

可以借这两个特定的日子主推一些体育用品、健身器材、户外用品、运动服装鞋帽。

2. 平安夜（12 月 24 日）、圣诞节（12 月 25 日）、新年夜（12 月 31 日）

圣诞节是每年最受人们欢迎的节日之一。主推产品：圣诞卡、包装纸、一次性餐具、厨房用品、服装、鞋帽、珠宝、家装、彩灯、婴幼儿用品、消费类电子产品。圣诞节也是园艺产品热卖季。

冬季取暖设备热销，作为礼物或者自用的体育用品进入热销，滑雪设备热卖，毛绒玩具销售火爆。

职业技能训练

1. 训练目标

（1）培养学生分析贸易国市场及消费情况的能力。

（2）培养学生具备根据主要节日确定营销方式的能力。

2. 训练内容

许昌某发制品有限公司成立于 2003 年，是一门专门从事发制品生产和销售的企业。公司主要经营项目有毛发、化纤发、工艺发条、假发等，产品主要销往东亚、北美、南美、欧洲、非洲等地区。公司以"诚信、创新"为宗旨，以"质量第一、客户至上"为公司经营理念，产品以独特的设计、上乘的质量赢得了国内外的一致好评。为了开拓国际市场，扩大公司和公司网站的知名度，该公司打算采用节假日营销的方式进行公司产品的推广。

请帮助该公司选择合适的活动日，并说明原因和活动特点。

任务评价

1. 本次任务的技能点评价（如表 5-1-1 所示）

表 5-1-1　本次任务的技能点评价

序号	技能点评价	佐证	达标	未达标
1	全球主要国家的市场概况	能够熟练掌握全球主要国家的市场概况		
2	全球主要节日及其营销思路	能够熟练掌握全球主要节日及其营销思路		

2. 本次任务的素质点评价（如表 5-1-2 所示）。

表 5-1-2　本次任务的素质点评价

序号	素质点评价	佐证	达标	未达标
1	协作精神	能够和团队成员协商合作，共同完成实训		
2	资源的查找、整合能力	能够进行相关资源的查找和整合		
3	遵守惯例、规则能力	能够尊重进口国的贸易惯例、商务习俗和消费习惯		
4	严谨的工匠精神	能够针对不同节日提出不同营销思路		

任务二 跨境电子商务活动营销

任务描述

小王所在公司的跨境营销部门在了解了全球主要国家的市场概况及主要节日情况之后，就要完成跨境电商活动营销的任务了。通过本次任务，学习跨境电商活动营销的常识、活动营销策略及基于节假日的活动营销策略。

知识嵌入

一、跨境电商活动营销常识

（一）活动营销概念

所谓的活动营销，是指卖家通过介入重大的社会活动或整合有效的资源，策划大型活动而迅速提高企业及其品牌知名度、美誉度和影响力，促进产品销售的一种营销方式。简单地说，活动营销就围绕活动而展开的营销，以活动为载体，使企业获得品牌的提升或者销量的增长。

活动可分为线下活动和线上活动，卖家可作为参展商也可作为赞助商参加。活动营销的最终目的就是留住卖家现有的存量用户，吸引更多潜在的增量用户，以打响品牌知名度的方式维系"存量+增量"的用户黏性。

（二）活动营销的类型

1. 会议活动

此类活动一般是大型活动、包括演讲会、研讨会等，通常由一位大卖家组织和主办，并由众多小型品牌和卖家赞助。这类活动对于想要提高产品知名度的 B2B 和 B2C 品牌卖家而言效果显著。

2. 贸易展览会或博览会

它是围绕特定行业或产品类型（例如销售技术或医疗设备）组织的大型活动。贸易展览会或博览会给卖家提供了展示产品和服务的机会，而贸易展览会或博览会的与会者通常是经过资格预审的买家、公司代表和销售人员。

3. 圆桌会议

与研讨会类似，但通常只有级别较高的参会者（如 CEO、外科医生或教师）参加。

4. 快闪店

这是以弹出商店形式搭起的临时零售空间，使卖家有机会在受控的环境中出售其产品。

5. 聚会和庆祝活动

在新业务启动时举行聚会或庆祝活动，例如一些卖家每年举行一次聚会来招待客户。

通过举办活动来营销商品、提升品牌知名度的方法有很多种，其他活动营销类型包括招聘会、社交会议、VIP体验、赞助、奖励活动和竞赛等。

活动营销与其他营销类型不同，它的特点在于能让买家身临其境，难以忘怀。

（三）活动营销的优势

2020年Bizzabo的一项研究发现，93%的营销人员认为，面对面的活动能够与参会人员搭建起沟通的桥梁，在日益数字化的世界中建立联系。在活动中留住现存客户、吸引潜在客户，一对一建立品牌忠诚度，还能帮助客户理解卖家品牌理念，在信任的基础上，出售（或加售）卖家产品和服务的机会随之增大。这与通过电话或文字海报进行广告宣传的效果大不相同。举办或参加活动是卖家建立和发展品牌的重要途径，64%的活动营销者表示，举办活动的主要原因是提高产品品牌的知名度。通过活动营销，卖家可以与弹出式商店一样，提供给客户身临其境的体验，并从中获得对品牌的真实感受。

（四）活动营销策划

1. SMART目标是什么？预算多少？

这是卖家在进行活动营销策划时必须考虑的问题，如"在活动营销策划结束后，能保住多少留存客户，又新增多少潜在客户"？SMART目标有两个作用，既能在实施活动时为卖家提供方向上的指导，又能帮助确定活动是否成功，如果没有成功，也可根据其进行改进。

2. 活动能够提供给参与者什么？

要策划活动营销，需要搞清楚营销的信息和内容，确定活动的名称、主题、品牌和目的，了解谁将会出席活动以及为参与者提供什么，这些是活动营销策划的关键。

买家为什么要参加？他们会得到什么？组织活动的是公司的分支机构，还是独立的品牌？活动目标受众是什么群体，谁会从参加的活动中受益最大？什么样的人会喜欢活动，如何吸引赞助商？一个好的活动营销不仅能够吸引消费者的注意力，还能够传递出品牌的核心价值，将品牌核心价值融入活动营销的主题里，能让买家接触活动营销时，自然而然地受到品牌核心价值的感染，并引起情感共鸣，进而提升品牌的影响力。

二、基于平台的营销活动

（一）平台营销活动的概念及分类

跨境电商平台营销活动多种多样，从营销活动的范围来看，分为单品营销活动、多品营销活动、店铺营销活动，平台营销活动。

从是否对商品的价格产生影响来说，又分为两类：一类是对商品价格产生影响的营销活动，在交易完成后，由于活动产生的优惠需要分摊到价格中去，因为这些是需要衡量成本的；另一类则是不对商品价格产生影响的营销活动。

（二）不同类型的营销活动的意义

单品营销活动包括买送（买原品送原品）活动、买降（多买降价）活动、特价（单品降价）活动、秒杀（降价幅度大，限时）活动；店铺营销活动包括满减活动、满赠活动、店铺券；平台营销活动包括平台券。

（1）买送活动。买送即买原品送原品。这个活动正常情况下比较少，主要应用于小单价商品的批发中。因为对于B2B模式来说，采购的客户基本不需要其他类型的赠品，送原品对他们来说肯定是有用的，而且送的原品也会纳入他们成本考虑的范畴。

（2）买降活动。主要应用于批发的场景。对于批发行业来说，一次性购买较多的客户有可能享受到更低的价格。从这方面来说，客户为了节约成本，需要一次性购买较多这种商品。

（3）特价/秒杀活动。这是基于单品的价格做活动。通常情况是为一些热门产品设置特价/秒杀活动，达到为订单引流的作用。

（4）满减活动。满减活动应用场景比较广泛。对于大单价商品来说，可以做单品满减促进该商品的转化率；对于小单价商品来说，主要是促进店铺的整体转化率并提升客单价。

（5）满赠活动。满赠活动和满减一样，可以设置单品满赠或店铺满赠，方法与各自的业务场景有关。

（6）店铺券。店铺发送优惠券，折扣的方式分为满减或满折，更多的是起到提升店铺转化率和客单价的作用。满折更多适用于B2B模式，因为B端用户更多地会去衡量各个商品的毛利有多少。

（7）平台券。平台发送的优惠券，主要是起到为平台引流，提升平台下单成功率的作用，最好的效果是客户最后在使用平台券的时候带动多个店铺的销量。

（三）营销活动设计方法

1. 营销活动后台设计

后台编辑营销活动时，主要分为四大模块：活动定义、活动描述、商品范围和赠品设置。

（1）活动定义包括活动名称和营销规则。

在营销规则中，需要注意的是：特价/秒杀活动有可能需要手动设置原价（因为在前端展示的时候如果直接拿商品的真实价格作为原价显示的话，会显得营销力度不够大）；满赠、满减、买送等活动需要设置多阶梯的营销规则；满减活动和优惠券需要考虑到折扣类型是满减还是满折，这对于客户下单来说是有不同意义的。

（2）活动描述包括活动时间、活动库存、限购数量/次数、是否参加满减等。

①活动库存：主要用于单品活动。运营人员设置活动的时候，偏向于拿一部分固定的商品参加活动，先到先得，这样也能控制总体成本。

②限购数量/次数：限购的角度可以分两种，一种是针对单品限购，另一种是针对订单限购。在单品限购的情况下，只允许客户买指定的数量，超出的数量不参加活动；在订单限购的情况下，需规定客户前多少次下单才参加活动（一般用于满减）。

③是否参加满减：适用于单价低、SKU（库存量单位）比较多的品类。这个时候一般商品进行特价活动时，会涉及单品毛利计算的问题，所以该部分商品不能参加满减。

另外优惠券需要包括发放张数、每人限领取数量及优惠券使用时间。如果优惠券的发放和领取是一起的话，还需要设置该张优惠券是否显示在前端，这样可以将该张优惠券单独作为线下发放使用。对于优惠券的设计,部分平台倾向于先设计好优惠券再创建活动使用该张优惠券,根据不同的业务场景可以考虑不同的方式。

（3）按照商品范围可以设置全店铺商品、部分商品（多商品）、类目、单品。

只有店铺活动和平台活动才可以选择设置全店铺商品、部分商品（多商品）、类目、单品活动则只需要选择对应的商品即可。对于满减、店铺券、平台券活动，如果运营人员不希望某个/某些/某店铺/某类商品参加活动时,可以添加一个"不参加活动商品"的功能。

店铺券和平台券不建议设置不参加活动的商品，因为使用店铺券和平台券时客户已经到确认订单页了，这个时候说不满足优惠券使用条件，那么客户得重新计算金额；并且如果不知道是哪个商品不符合用券条件的话，那么客户这个时候不知道怎么操作，会比较沮丧。

（4）某些活动需要设置赠品。

赠品处理有两种解决方案：一种是单独做 SKU，赠品到时候也会作为一个商品被摆上货架，下单的时候将会自动加到商品列表。这样比较依赖于业务条件，因为对于小单品且 SKU 比较多的商品来说，商品都是自动同步的，这个时候 ERP（企业资源计划）不一定有单独的赠品的 SKU。另一种则是做一个假 SKU，那么在前端显示的时候只显示赠品的名称，也不会有专门的商品详情页，这样处理的话比较简单。但是对于客户来说，无法准确评估赠品的价值，另外卖家还需要单独维护一套赠品库和赠品库存。

三、节日营销活动策略

（一）线上借势

1. 海报、文案、关键词契合节日主题

无论是传统节日，还是网络节日，卖家都少不了借助热点话题制造营销噱头，借势营销早已成为重要的营销手段之一。借势营销不是几句简单的祝福，能否挖掘产品亮点，并和节日完美嫁接，是考验运营人员营销成功与否的关键。

2. 平台 Banner 迎合节日主题

将店铺、官网、Facebook、Twitter 等线上平台的 Banner/相册更换成节日主题营销活动页面。页面主题需要侧重节日主题形象，活动内容要与平台节日营销活动内容相契合，但更要推陈出新，具有自己的创意与风格。

3. 页面设计风格迎合海外目标客户的审美习惯

就拿美国人和俄罗斯人对于圣诞节的理解来说，有别于美国的圣诞老人，俄罗斯的新年象征是冰之父和她的孙女，欧美的圣诞老人形象在俄罗斯是不被接受的，俄罗斯人更喜欢本民族的冰之父还有她的孙女这一形象。

从页面视觉来说，俄罗斯人更倾向于用蓝色来装饰；同时也会用一些暖色系的颜色，如红色、金黄色，但是他们并不喜欢中国式的全页面被红色覆盖的感觉，他们倾向于用 20% 左右的红色来装饰页面。所以在页面视觉方面，要根据一个国家的人的审美习惯来布局。

（二）店铺定位决定产品定位，线上营销推广不可少

1. 由店铺定位决定产品分类

例如，根据店铺定位来决定是否设置男性相关产品。如果店铺定位涉及男性相关产品，则应安排一款产品并录入相关关键词（如父亲节礼物、感恩礼物、男士礼物等），以及加强父亲节日期关键词的关联。

2. 线上营销套路

卖家可以利用节日营销，针对节日面向的人群推出相关活动。比如通过限时特价、节日套餐、折扣、满减、满赠、抽奖、老会员折扣、节日定制赠品等线上活动来制造节日营销气氛，这些都是多年不变的套路。

除此之外，卖家还可借助平台官方发起的节日营销活动，再配合店铺的营销活动与产品主图、标题来吸引流量，从而刺激客户成交。

（三）注重节日营销与客户运营、体验相结合

1. 多元化运营，提升客户体验

对于电商行业而言，节假日无疑是引发购物狂欢的契机，也意味着节假日的竞争比平时激烈。如果产品没有十分突出的优势，那么可以从其他方面入手，如客服、物流、支付等。做好其他方面的客户体验，同样能吸引客户下单。

特别是物流和支付，如果可以给客户提供更丰富的选择、更快捷的服务，就能消除因此而放弃购买的客户，也能留住来访的新客户。

2. 活动预热需要有效的沟通，收集反馈信息

营销活动主要面向的是终端客户，卖家想要将活动营销的讯息传递给客户，就需要在活动正式开始之前，将活动的相关信息传递给终端客户，特别是老客户。例如，将优惠信息、购物指南或者节日性质的软文等传递给终端客户。卖家与客户传递讯息的方式有很多，如Facebook、Twitter、邮件营销等。卖家要确保客户提前知道营销活动，重点介绍活动开始和截止日期、活动营销要点。

（四）跨境电商节日活动营销的落地执行

卖家应提前制订季度、年度活动营销推广计划，需要根据国外节假日与平台历年活动排期、自身店铺产品定位、流量、视觉设计、备货选品等方面做出完善的计划方案，从而对后期活动营销起到指导性作用。特别是在备货选品的时候，应充分考虑到目标市场终端客户的购买习惯，不应盲目大批量备货而引发后期库存积压风险。

每年的下半年，受海外节假日众多的影响，整个跨境电商行业各种活动营销不断接踵而来。在面临各大平台抢占节日流量的时候，卖家更应该利用好节日活动营销的契机，做好充足准备，以便抢占节日流量的一杯羹。

思考与总结

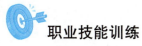
职业技能训练

1. 训练目标

(1) 培养学生基于平台进行活动营销的能力。

(2) 培养学生利用节日进行活动营销的能力。

2. 训练内容

上一个任务的职业技能训练中提到,某发制品有限公司打算采用节假日营销的方式进行公司产品的推广。请帮助该公司:

(1) 根据上一个任务中选择的活动日,选择合适的跨境营销工具进行活动营销;

(2) 选择一个跨境电子商务平台进行活动营销策划。

_____
_____
_____
_____
_____
_____
_____
_____
_____
_____
_____
_____
_____
_____
_____
_____
_____

任务评价

1. 本次任务的技能点评价（如表5-2-1所示）

表5-2-1 本次任务的技能点评价

序号	技能点评价	佐证	达标	未达标
1	跨境电商活动营销常识	能够熟练掌握跨境电商活动营销的概念、优势、种类		
2	基于平台的营销活动	能够熟练掌握基于平台的营销活动的概念、分类、意义、设计方法		
3	节日营销活动策略	能够熟练掌握跨境电商节日营销活动策略		

2. 本次任务的素质点评价（如表5-2-2所示）

表5-2-2 本次任务的素质点评价

序号	素质点评价	佐证	达标	未达标
1	创新意识	能够在跨境电商活动营销推广中体现创新思维		
2	协作精神	能够和团队成员协商合作，共同完成实训		
3	资源的查找、整合能力	能够进行相关资源的查找和整合		
4	职业道德、法律意识	能够掌握相应的跨境电商活动营销的技巧和规范		
5	严谨的工匠精神	能够在跨境电商活动营销案例中做出精确分析		
6	自我学习能力	能够运用跨境电商活动营销的相关知识和技能		

任务三 跨境电子商务内容营销

小王所在公司跨境网络营销部门在完成了跨境电商活动营销之后,就要开始完成跨境电商内容营销的相关任务了。那么内容营销是什么?有什么作用?跨境电商内容营销有哪些类型?有哪些策略?通过本次任务,我们将一起找出上述问题的答案。

知识嵌入

内容营销已成为企业接触和吸引目标用户的热门方式。通过为目标用户提供有用的内容让他们了解产品和服务,并向他们展示这些产品和服务如何有效地解决他们的痛点和困难,同时又可以增加转化率、提高品牌知名度、增加收入。

一、内容营销的概念和作用

内容营销是规划、创建、分发、共享和发布内容来达到覆盖目标用户这个目的的过程。内容营销对于大部分公司来说都是一种适用且有用的策略,除了扩大覆盖面,内容营销还可以:向潜在用户介绍提供的产品和服务;提升转化率;建立用户与业务之间的关系;与用户联系,向他们展示产品和服务如何解决他们的困境;营造一种品牌的社区意识。

二、跨境电商内容营销类型

(一)社交媒体内容营销

社交媒体内容营销拥有超过 37 亿全球用户,这就很容易理解为什么这么多企业投资于社交媒体内容营销。卖家可以通过在每个平台上创建和共享社交媒体内容,增加与用户联系的机会。

例如,巴黎欧莱雅美妆在 Instagram 上创建了品牌上的账号;不仅如此,品牌还补充了其他营销内容,在配文中加入关于产品和品牌的标签,用户不仅可以通过搜索品牌官方账号来获取信息,也可以通过搜索关键字找到相应的产品。巴黎欧莱雅在 Instagram 官方主页上上传的图片显示了产品的颜色和气味以及其他细节,精美的图片让用户更直观地感受到产品外形及色彩,眼前一亮,如图 5-3-1 所示。

(二)图表内容营销

比起文字,图表可以更具体地表达数据内容,简单的措辞和清晰的图像,是有效传递信息的好方法。就像在电商平台上,商品评分的柱状图总能非常直观地告诉买家,此产品的总体评分和买家使用后的总体感受,比起文字长篇大论地描述产品性质,让买家看花了

图 5-3-1　Instagram 内容营销

眼也感受不到实际效果，图片更简洁、更直观，让人一看就懂，阅读起来省时更省力，也会促进好产品的销量及其他产品的改进。

（三）博客内容营销

博客是一种不容忽视的强大内容营销类型。实际上，博客不是直接发布产品介绍，也不是发布公司新闻，而是获得话语权，在潜移默化中影响用户的购买决定。根据特定博客的目标，可以选择通过链接跳转到各种帖子、分享指定的社交媒体页面、合作伙伴的网站和产品，或撰写博客内容来宣传相关产品。

举一个个人博客达到营销目的的例子。原蚂蚁网 CEO 麦田的博客，曾经是互联网上很有影响力的博客之一，博客对他后来创办蚂蚁网有至关重要的影响，它为蚂蚁网吸引了最初的一批用户。当时网上并没有非常多的宣传与广告，但麦田只要在博客上提到他创建的蚂蚁网，就会吸引一大批 IT 人士前去一探究竟。

关于企业博客营销的例子，比如 Expedia。Expedia 有一个名为"OUT THERE STARTS HERE"的博客，该博客分享与旅行相关的信息，小到酒店推荐、独特的参观地点，大到在全球范围内开展的各种活动，都有详细介绍，如图 5-3-2 所示。

图 5-3-2　Expedia 博客内容营销

Expedia 定期发布博客内容，以此吸引用户的兴趣和参与；而且该博客是按品牌量身定制的，所有内容都与旅游科技公司的目标有关——获取用户和提升品牌知名度。

（四）播客内容营销

播客已成为一种非常受欢迎的内容媒体，因为播客非常便利，用户随时随地可以在放松或外出时享受它。所以，越来越多的企业开始利用播客进行营销推广。

例如，哈佛商业评论（HBR）每周播出一次名为 HBR IdeaCast 的播客，其中用户包括业务和管理方面的行业领导者，用户可以订阅持续接收数百个播客所发出的内容，也可以选择要收听的播客。播客让 HBR 与目标用户更好地联系的同时，发布的内容也收获了良好的推广效果，提升了品牌知名度。播客让品牌通过与其典型工作不同的媒介，获得了更多的用户。

（五）视频内容营销

据了解，超过 50% 的消费者表示希望看到他们关心的品牌的视频。因此，卖家可以选择在社交媒体平台、网站页面或合作伙伴网站上分享视频，从而扩大在不同媒体上的覆盖面。

例如，在 YouTube 上 Dollar Shave Club 的大部分视频已经受到很多人的关注。它们以品牌为主题，通过幽默和娱乐的方式制作视频。通过上传在线视频的方式，Dollar Shave Club 的品牌认知度大大提高，令人印象深刻，如图 5-3-3 所示。

图 5-3-3　YouTube 视频内容营销

（六）付费广告内容营销

付费广告内容营销创建的有机流量在企业中越来越受欢迎。但是，并不是说付费内容广告对于吸引目标用户毫无用处。付费内容广告可以帮助覆盖广泛的用户群体，更具有目的性。卖家可以通过多种方式制作和发布付费内容广告，例如在社交媒体上发布，或者以 Banner 图、赞助的形式在网站上发布数字广告。

三、跨境电商内容营销策划

（一）设定 SMART 目标与确定 KPI

内容营销策略的第一步是设定 SMART 目标与确定 KPI，从而实现更广泛的营销目标和公司目标。KPI（Key Performance Indicators）是关键绩效指标，确定关键绩效指标有一个重要的指导原则，即 SMART 原则。其中，S 代表具体（Specific），即指标要尽量做到具体，不能笼统模糊；M 代表可度量（Measurable），即指标要尽量量化，不能量化的就要细化，即指标不能用数字表现的就要把它分解到最小的具体组织单位；A 代表可实现（Attainable），即指标通过最大努力最终可以达成，避免设立无效目标；R 代表相关性（Realistic），即指标是明确的，保证与组织的目标有一致性；T 代表有时限性（Time bound），即指标须在特定的期限内完成，保证目标完成的时效。KPI 是可量化的数据点，可用于根据 SMART 目标衡量实际绩效，如图 5-3-4 所示。

聪明的目标	相关的KPI
品牌意识	网站流量，社交媒体关注者，订阅注册，提及（由客户和合作伙伴）
收入	每日销售，网站流量
转换	转换率，购物车放弃率，相关运费率趋势，有竞争力的价格趋势
品牌忠诚度	退回客户，促销员，产品评论，推荐
客户参与	喜欢，分享，关注，提及，反向链接
交流和信任	回头客，促销员，追随者，提及

图 5-3-4 确定 KPI

（二）确定内容类型及选择的内容频道

选择要创建的内容类型时，首先要考虑目标用户和用户角色。下列问题可以帮助缩小适合他们的内容类型：他们需要什么？他们希望克服哪些挑战？他们为什么需要这样的产品或服务？怎样能帮助他们成功？

一旦决定了所销售的内容类型，就可以选择特定的内容频道了。对于某些内容类型，使用的频道是显而易见的，例如，如果要创建博客内容，则频道将成为博客本身；但有些渠道不太明显，例如选择社交媒体，需要决定将在哪些平台上营销，如果选择信息图，需要决定在哪个频道上进行分享。

（三）设定预算，创建和分发内容

根据正在创建的内容类型以及营销该内容的渠道，考虑以下问题来确定大概的预算：

是否需要购买任何软件或技术来创建内容，如 Adobe Photoshop 等图形设计软件；是否需要聘请任何内容团队成员，如艺术家、作家、编辑、设计师；是否需要为广告空间付费；是否需要访问特定工具或资源来增强或衡量特定类型的内容。

为确保始终如一地制作内容并在潜在用户和用户之间共享，使用各种形式的日历合理安排工作。日历可以帮助团队始终掌握所有正在创建的内容和创作进度，可以根据团队的实际情况进行写作的安排。

（四）分析结果并转换

分析并衡量最后的结果非常关键，这将影响下一步决策与改进的方向，这时候卖家就需要查看 SMART 目标和 KPI 的情况。

当通过营销带来流量之后，这些流量会分成几种人群，当收看的人群种类变多，可能给卖家带来错误的判断。因此，首先要找到最核心的用户人群，再针对这个人群的细分需求进行分解去制作营销内容。而如何针对核心人群的细分需求去制作内容，重点是做好用户调查、内容制作和渠道测试这三件事情。

用户调查是全程都要做的事情，因为用户调查是内容制作的依据。当用户提出需求时，需要进行数据测试，判断是普遍需求还是个性化需求。先把内容固定下来，然后针对内容制作多角度的营销内容，投放到不同的渠道，进行数据测试。得到数据结果之后，就会知道哪些内容更受欢迎，这是一个很好筛选的过程。

四、跨境电商内容营销策略

（一）讲好产品和品牌故事

讲故事是一种独特的艺术，在数字经济时代发挥着更加重要的作用。现在的用户往往对故事而不是事实描述更感兴趣，这也适用于跨境电商业务的内容营销策略。通过图片和视频为这个带故事的内容增添趣味，让用户保持兴趣和关注度。在跨境电商业务中，可以在电子商务网站上为故事部分运行单独的页面，也可以简单地替换传统博客。

（二）用慈善凸显社会责任

从业务角度来看，这一举措的存在是为了寻求相当多的关注。根据当前运行的跨境电子商务业务规模，可以选择慈善合作。例如，Michael Kors 与 Watch Hunger Stop 合作，为 70 多个国家的 1600 万儿童提供了支持，旨在消除饥饿。通过这些合作，企业能够支持社会工作，并与用户讨论，以提高社会信誉。

（三）广交合作伙伴

在线业务优于传统商业的一个原因在于，它激发了一种包容竞争，甚至与竞争对手合作的趋势。电子商务业务可以通过与竞争中的企业以及其他企业合作，围绕此战略构建精彩内容。例如，与数字领域的其他成员建立合作伙伴关系可以帮助挖掘新的用户群体，并向忠于其他品牌的用户展示产品线。

（四）采用网红营销

网红营销已成为企业在线营销推广的灵魂。企业可以与主要行业人士取得联系，他们会将品牌信息传达给在社交媒体上关注自己的潜在客户，在线用户严重依赖这些社交媒体

"大 V"的观点。

（五）为用户提供免费价值

跨境电子商务业务的优秀内容营销策略将始终需要使用线下和线上资源来吸引用户的注意力。提供线下价值资源，如实体优惠券、新闻通讯、新产品试用、常见问题解答表等，可以激发用户的购买欲望，免费赠品也是一种让内容受到关注的好方式。

（六）提高参与度

当跨境电子商务网站正在规划其内容时，让用户参与其中是一个好主意。可以简单地询问他们对下一篇博客文章的建议，或关于他们可能希望在线网站上看到的功能的建议。这样做会让用户感到自己很重要，并且在取得用户信任的同时促进业务的开展。

五、跨境电商内容营销案例

（一）户外用品 REI：YouTube 户外爱好者频道

REI（Recreational Equipment，Inc.）是美国也是全球较大的户外用品连锁零售公司，它目前的规模相当于中国国内较大的户外用品零售公司的 50 倍，其直营分店面积超过 10000 平方米。同时，REI 也是为目标用户赋予内容的典范。

REI 的 YouTube 户外爱好者频道提供了 500 多个实用的视频，回答了 112305 位订阅者有关户外探险各个方面的问题，还有关于运动和旅行活动、目的地、野营食谱、操作方法、维修等方面系列文章。

在这里，社区成员可以找到下一次冒险的灵感和信息；更重要的是，REI 的品牌价值遍布视频。特别是短片 REI Presents 获得超过 100 万的观看次数，传播着鼓舞人心的故事、环境管理和户外生活方式。

小贴士：
（1）视频不必太长，只需提供所需的信息即可；
（2）减少营销信息，专注于教学技能和实操；
（3）谈论利基市场中的所有内容，以吸引更多受众和订阅者。

（二）美妆品类 Glossier：从美妆博客发展成企业

美妆直营品牌 Glossier 起初是一个向美容行业发起挑战的博客。创始人 Emily Weiss 能够创建一个新的美妆品牌，肯定有她的与众不同之处。

如今，作为一个成功的品牌，Glossier 仍然拥有运行博客时所获得的非常规美妆见解以及在其他社交媒体上的强大影响力。该品牌的理念"护肤第一，化妆第二"在视觉和书面内容中随处可见。

不过，更引人注目的是它在 YouTube 上与 Get Ready With Me 的红人合作。所有具有远见卓识的化妆品品牌都应该与 YouTube 红人合作，因为这是展示产品的较佳方式。

Glossier 的系列都很不错，因为它可以展现出用户的美妆日常，这完全符合它的口号——"现实生活中的美妆产品"。大多数品牌会选择对普通职业女性来说太过花哨的款式，但 Glossier 仍紧贴目标市场。

小贴士：

（1）不要只是复制，应该持续产出更受用户欢迎的内容；
（2）通过内容，始终保持品牌的新鲜感；
（3）使用渠道报告可衡量内容对网站的转化影响；
（4）需要监控用户与内容页面的交互方式，并使用这些第一手数据来进一步定制交流方式。

（三）箱包品类 Away：面向小众买家的小众杂志

箱包直营品牌 Away 有自己的独立杂志，就像在飞机上前方座位口袋中的杂志一样。在旅游行业中，这是一种合理的内容形式选择。但真正有趣的是，它以此种聪明的方式锁定了现代、时髦、老练的用户。

小贴士：
（1）不要害怕展示品牌声音；
（2）与商店平台分开的内容媒体可能是一个很好的参与方式。

（四）MVMT 手表：创造时尚影响者

MVMT 手表是为千禧一代打造的数字原生品牌。由于 MVMT 需要与能够负担得起名人代言费用的大型公司竞争，因此他们需要利用巨大的差异化优势来吸引用户。在他们的博客上，有"颠覆者和梦想者"系列，介绍了具有独特风格的平凡而又鼓舞人心的人。

小贴士：
（1）每个代表目标用户的人都可以成为品牌大使；
（2）团队对产品的热情是至关重要的，能够展示出来也很好。

案例链接

如何做好感恩节爆款营销并引爆整个年终购物季？

提及感恩节营销，不少卖家会下意识地想到火鸡或者庆祝式内容，但事实上，单纯的庆祝式内容并不是感恩节营销的最佳选择。11 月是所有卖家冲刺年终旺季的刺激战场，而从感恩节开始的购物周则是欧美消费者最疯狂的购物时刻。以下将通过 7 组感恩节营销的爆款案例和要点分析，和所有卖家共同探讨如何打造成功的感恩节营销。

1. 捕获 Instagram 用户故事

不少卖家都希望能够推动用户参与体验，提高品牌的故事性和社会存在感，获得第一手用户数据，更好地洞察用户兴趣和偏好，而感恩节就是利用 Instagram 拉近用户距离、捕获其故事的好时机。

卖家可以创建移动端主导的话题活动或者社群小组，鼓励用户参与并实时分享品牌故事，同时无缝对接并收集用户数据，如图 5-3-5 所示。从用户生成内容到问答测验，从在线投票到表情包制作器，这些实时的在线活动都可以嵌入 Instagram Stories 的板块，帮助卖家获得更多的关注和流量，提高转化。

图 5-3-5 感恩节的卖家活动

2. 发挥粉丝效应

社媒时代,粉丝内容无论是从感染力、可读性还是从传播性、实时性而言,都是不可忽略的原创内容来源。粉丝内容不仅完美贴合卖家的话题和产品,同时还更加实用。作为大热的快消品牌,CRUNCHIES 在去年感恩节发起了 UGC 活动,鼓励用户分享喜爱的品牌产品、食谱搭配以及制作过程。此外 CRUNCHIES 还在官网上创建了一个 Instagram 和 Twitter 内容的登录页,让所有用户共同分享顶级的美食体验的同时也预先浏览了可能会购买的厨房类产品,如图 5-3-6 所示。

图 5-3-6 CRUNCHIES 在官网上创建的 Twitter 内容的登录页

3. 建立 CRM 数据库

Food Network(美国美食频道)在去年的感恩节通过抽奖收集了 258380 个联系方式作为销售线索,这一活动为其后续的营销活动锁定了广泛的目标客源,如图 5-3-7 所示。Food Network 通过赠送奖品来鼓励用户注册,并让他们能选择性地接收消息类和营销优惠类的邮件推送。简单的注册形式带来了无缝对接的用户体验,间接地提升了用户的参与度。

图 5-3-7 美国美食频道建立 CRM 数据库

4. 创建感恩节话题活动

在感恩节之际创建相关的社会话题能够增加品牌的全面关注度和社会信任感。可口可乐就是一个很好的例子，其推出的感恩节系列活动，利用个性化的可乐瓶作为感恩节卡片赚足了眼球，如图5-3-8所示。用户可以购买带有自己名字或个人标识的可乐，然后将之作为感恩节的庆祝方式摆放在餐桌上。随着用户在Instagram、Facebook和Twitter上的分享，可口可乐成为人们津津乐道的热门话题。

图5-3-8　可口可乐在感恩节的活动宣传视频

5. 利用社媒挖掘用户兴趣

对于卖家而言，挖掘用户兴趣是一门大学问，尤其是洞察用户的内在性格或者隐形需求，因为其本身就是一件让用户对品牌印象深刻的事情。而在感恩节，卖家可以利用节日氛围通过轻松的方式进行这一重要工作。在线租房网站Realtor.com在去年感恩节推出了一项有趣的在线性格测试，参与者可以根据他们的测试结果获得特定的感恩节菜肴，如图5-3-9所示。

值得借鉴的是，测试大多和感恩节的传统、流行音乐等时兴的元素有关，而这些内容也更加吸引用户参与其中。最后附赠的感恩节菜肴更是能激发参与者对品牌的好感。

图5-3-9　Realtor.com在感恩节推出的在线性格测试活动

6. 推出抽奖活动

对那些需求明确但仍需漫长的等待才能迎来购物狂欢的消费者而言，抽奖活动可以引燃他们的消费欲望，让其享受到"瞬间胜利"的感觉。如图 5-3-10 中的案例，卖家推出感恩节主题抽奖活动，提交注册信息后，用户只需输入简单的号码就可以进行抽签，对大奖发起冲击。而抽奖活动带来的，是对后续营销极为重要的宝贵的用户数据。

图 5-3-10　卖家的感恩节抽奖活动

7. 传播品牌形象

在感恩节传播温暖的品牌形象对卖家而言百利而无一害。营销公司 The Integer Group 在去年感恩节用 1000 位明星的手绘将温暖的 UGC 传播给了每一个用户，如图 5-3-11 所示。此外，The Integer Group 通过使用 Wayin 并添加 "#1000 Stars Strong" 标签，让内容精良的 UGC 在社媒平台上刮起了一股风潮。

图 5-3-11　The Integer Group 的感恩节活动

分析提示

关于感恩节营销，卖家要做的不仅仅是传达品牌温度和感恩之情，更要为即将开启的大促进行引流，吸引用户对营销活动的关注。此外，卖家还可以通过感恩节营销收集用户数据和 UGC，为后续的购物周以及 12 月的销售活动奠定用户基础和内容基调。

职业技能训练

1. 训练目标

（1）培养学生具备跨境电商内容营销的思维。

（2）培养学生具备利用内容营销助力品牌出海的能力。

2. 训练内容

某工艺品有限公司位于中国柳编之乡——白旄镇，是一家大型的草柳编加工和生产厂家，产品主要包括柳篮、柳筐、洗衣篓、仿古筐、圣诞筐、宠物筐、水果筐、储物篮等，适用于家居生活和宾馆等场所。产品设计新颖、独特，花色细腻，主要出口英、法、美、西班牙、意大利等欧美国家，以及中东和东南亚等地区，深受海外客户喜爱。

请帮助该公司完成跨境电商内容营销过程中相关任务的实施，制作一份跨境电商内容营销推广方案。

任务评价

1. 本次任务的技能点评价（如表 5-3-1 所示）

表 5-3-1　本次任务的技能点评价

序号	技能点评价	佐证	达标	未达标
1	内容营销的概念和作用	能够熟练掌握内容营销的概念和作用		
2	跨境电商内容营销的类型	能够熟练掌握跨境电商内容营销的类型		
3	跨境电商内容营销策划	能够熟练掌握跨境电商内容营销策划步骤		
4	跨境电商内容营销策略	能够熟练掌握跨境电商内容营销的主要策略		

2. 本次任务的素质点评价（如表 5-3-2 所示）

表 5-3-2　本次任务的素质点评价

序号	素质点评价	佐证	达标	未达标
1	创新意识	能够在跨境电商内容营销推广中体现创新思维		
2	协作精神	能够和团队成员协商合作，共同完成实训		
3	资源的查找、整合能力	能够进行相关资源的查找和整合		
4	职业道德、法律意识	能够掌握相应的跨境电商内容营销推广的技巧和规范		
5	严谨的工匠精神	能够在跨境电商内容营销推广案例中做出精确分析		
6	自我学习能力	能够运用跨境电商内容营销推广的相关知识和技能		

我国调整跨境电商零售进口税收政策

我国自 2019 年 1 月 1 日起,调整跨境电商零售进口税收政策,提高享受税收优惠政策的商品限额上限,扩大清单范围。

税收政策的调整,一是将年度交易限值由每人每年 20000 元提高至 26000 元,今后随居民收入提高相机调高。二是将单次交易限值提高至 5000 元,同时明确完税价格超过单次交易限值但低于年度交易限值,且订单下仅一件商品时,可以自跨境电商零售渠道进口,按照货物税率全额征收关税和进口环节增值税、消费税,交易额计入年度交易总额。三是明确已经购买的跨境电商零售进口商品不得进入国内市场再次销售。

商品清单的调整,一是将部分近年来消费需求比较旺盛的商品纳入清单商品范围,增加了葡萄汽酒、麦芽酿造的啤酒、健身器材等 63 个税目商品;二是根据税则税目调整情况,对前两批清单进行了技术性调整和更新,调整后的清单共 1321 个税目。

跨境电商税收新政的内容主要有两点:一是跨境电商零售进口商品不再按行邮税征收,而是在购物限值内按照货物征收关税和进口环节增值税、消费税,税率可以享受七折优惠。单次交易限值为 2000 元,个人年度交易限值为 20000 元。二是进口环节增值税、消费税不再设免征额。

笔记区

项目六　跨境电子商务 Email 营销与策划

【知识目标】
（1）正确认识 Email 营销的概念、特点和优劣势。
（2）掌握 Email 营销工具的使用。
（3）掌握 Email 营销方案的策划与实施。

【能力目标】
（1）具备注册、使用电子邮箱以及使用，Email 管理软件的能力。
（2）具备运用 Email 开展跨境网络营销活动的能力。

【素质目标】
（1）熟悉各国关于 Email 营销的相关法律法规，合理合法地开展 Email 营销。
（2）具备团队协作的职业精神和精益求精的工匠精神。

项目六　跨境电子商务Email营销与策划

项目六　跨境电子商务Email营销与策划
- 任务一　跨境电子商务Email营销
- 任务二　跨境电子商务常用的Email营销工具
- 任务三　跨境电子商务Email营销策划方案
- 任务四　跨境电子商务Email营销案例

电子邮件的起源

关于世界上第一封电子邮件的起源，目前说法不一，根据查找的资料，目前主要有两种说法。

一种说法认为，1969 年 10 月，世界上的第一封电子邮件是由计算机科学家 Leonard K. 教授发给他的同事的一条简短消息。这条消息只有两个字母："LO"。Leonard K. 教授因此被称为电子邮件之父。

Leonard K. 教授解释，"当年我试图通过一台位于加利福尼亚大学的计算机和另一台位于旧金山附近斯坦福研究中心的计算机联系，我们所做的事情就是从一台计算机登录到另一台机。当时登录的办法就是键入 L－O－G。于是我方键入 L，然后问对方：'收到 L 了吗？'对方回答：'收到了。'然后依次键入 O 和 G。还未收到对方 'G' 的确认回答，系统就瘫痪了。所以第一条网上信息就是 'LO'，意思是 '你好'。"

另一种说法是，1971 年，美国国防部资助的阿帕网正在如火如荼地进行当中，一个非常尖锐的问题出现了：参加此项目的科学家们在不同的地方做着不同的工作，但是却不能很好地分享各自的研究成果。原因很简单，因为大家使用的是不同的计算机，每个人的工作对别人来说都是没有用的。他们迫切需要一种能够借助于网络在不同的计算机之间传送数据的方法。为阿帕网工作的麻省理工学院博士 Ray Tomlinson 把一个可以在不同的电脑网络之间进行拷贝的软件和一个仅用于单机的通信软件进行了功能合并，命名为 SNDMSG（即 Send Message）。为了测试，他使用这个软件在阿帕网上发送了第一封电子邮件，收件人是另外一台电脑上的自己，并且首次使用 "@" 作为地址间隔标示。

尽管这封邮件的内容连 Tomlinson 本人也记不起来了，但那一刻仍然具备了十足的历史意义：电子邮件诞生了。

（资料来源：百度知道。https：//zhidao.baidu.com/question/118467389.html)

分析提示

不管到底是谁发出了第一封电子邮件，距今都已过去 50 年，从最开始生活中的沟通交流到工作中信息的传递，Email 已经进入我们生活的多个方面。由于生活习惯的差异，国外使用 Email 作为沟通交流工具比国内更为普遍。对于国外用户来说，查看 Email 基本上是他们的日常工作，Email 使用率很高。而对于国内卖家来说，使用 Email 与国外用户沟通可以不受距离的限制，更直接、更快捷。正因如此，Email 营销能够成为跨境电子商务营销的一个重要渠道。

任务一　跨境电子商务 Email 营销

 任务描述

小王最近加入了公司营销部门的 Email 营销团队，公司一直坚持通过 Email 进行品牌宣传、客户维护等工作。虽然小王一直也在使用 Email，但究竟什么是 Email 营销，它有哪些功能和优劣势呢？通过本次任务，学习 Email 营销的概念、特点和优劣势。

知识嵌入

 一、Email 营销定义

Email 营销也称作 EDM，是 Email Direct Marketing 的缩写，即电子邮件营销，是在用户事先许可的前提下，通过 Email 的方式向目标用户传递有价值的信息的一种营销手段。从定义中我们可以看出，Email 营销具有三个必不可少的因素：一是基于用户的许可；二是通过 Email 传递信息；三是传递的信息对于用户来说是有价值的。这三个要素缺一不可，缺少任何一个，都不能称之为有效的 Email 营销。

我们常常听到垃圾邮件这种说法，它其实就是指未经过用户许可发送的，通常传递的信息也是一些价值较低的内容。互联网上会有一些邮件列表的供应商，他们通过网站等渠道搜集网上消费者的 Email 地址，在没有得到消费者许可的情况下将这些数据出售给营销人员或者直接向消费者发送 Email。这类 Email 缺少了我们前面提到的 Email 营销的要素，因此不属于 Email 营销的范畴。通常，这种未经许可的垃圾邮件往往会给消费者带来很大的困扰，也不符合网上商业伦理。许多国家出于对个人隐私的保护，出台了很多相关的法律、法规，例如在欧洲，为制裁滥发垃圾邮件的行为，英国、法国、意大利等国都制定了比较详细的反垃圾邮件法，从而保护用户的信息安全。

真正意义上的 Email 营销，其实指的是许可式 Email 营销。互联网的发展和许可式

Email 营销概念的提出,使得许可式 Email 营销在企业和消费者之间广泛应用。在生活中我们也经常会接触到许可 Email 营销。例如,我们在登录一些网站想要注册为会员时,大都需要填写自己的邮箱,也常常会被询问"是否希望收到本站不定期发送的最新产品信息",或者给出一些选项让访问者自己选择希望收到的信息,如图 6-1-1 所示。这些形式都是用以获得用户的许可。在征得用户的"许可"之后,企业通过 Email 在向用户提供有价值的信息的同时,进行一定数量产品或者服务的广告推广,从而实现营销的目的。

图 6-1-1 速卖通 Email 订阅界面

二、Email 营销特点

(一)营销范围广

随着互联网的迅速发展,中国的网民规模已达 7.72 亿,全球已经超过 40 亿。面对如此巨大的用户群,作为现代广告宣传手段的 Email 营销正日益受到人们的重视。只要拥有足够多的 Email 地址,就可以在很短的时间内向数千万目标用户发布广告信息,营销范围非常广泛。传统媒体的营销推广常常会受到地域限制,通过 Email 进行营销推广,不受时间和空间的限制,对于跨境电子商务来说尤其适用。

(二)操作简单高效

进行 Email 营销操作不需要懂得高深的计算机知识,也不需要烦琐的制作及发送过程,发送上亿封的广告邮件一般几个工作日内便可完成。根据美国 Gartner 公司的分析,完成一个营销活动所需要的时间,邮递广告平均为 4~6 周,而 Email 平均为 7~10 个工作日;在获得市场反应方面,邮递广告平均为 3~6 周,而 Email 平均为 3 天。如果采用 Email 营销方式,从开始制作、发行以及获得反应所需的时间只有过去邮递广告的 1/10 左右。

(三)营销成本低

Email 营销是一种低成本的营销方式。据美国 IT 业研究公司 Gartner 的统计,Email 营销活动的每 1000 件所需的费用在 5~7 美元,与邮递广告的 500~700 美元相比要便宜许多。

企业只需要在互联网上申请一个电子邮箱就可以利用其发送 Email 进行营销，因此这种方式是任何企业都能够使用的营销方式。无论是实力雄厚的大型企业，还是实力较弱的中小企业，只要能接入互联网就可以开展 Email 营销业务，容易实施且成本低。

（四）应用范围广

Email 营销的广告内容不受限制，可以包含文字、图片、动画、视频、链接等多方面，适合各行各业。因为广告的载体就是 Email，所以具有信息量大、保存期长的特点，而且收藏和传阅非常简单方便。

（五）针对性强，反馈率高

传统的营销方式信息传递是以一种广撒网的方法，受众的针对性含糊不清，载体发送的目的与受众接收的目的不能及时达成一致，造成发送与接收的错位。Email 是点对点的传播，所以本身具有针对性，可以通过数据挖掘对目标用户进行细分，使企业能在真正意义上进行精准营销。Email 使得企业与用户构成了交互的可能，这种交互功能又主要体现在信息的反馈方面。

三、Email 营销的优劣势

在跨境电子商务中，Email 营销已逐渐开始体现出其优势。由于其具有方便、快捷、成本低、范围广等特点，这种营销方式正开始像雨后春笋一般成长。Email 营销的最大优势在于企业可利用它与用户（不论是企业用户还是普通用户）建立更为紧密的在线关系。

使用 Email 进行营销，可以满足用户个性化需求，更好地促进用户关系。Email 营销可以为用户提供个性化的服务信息，用户可以根据自己的兴趣预先选择有用的信息，当不需要这些信息时，还可以随时退出，不再继续接收。因此，在 Email 营销中，用户拥有主动的选择权。正是因为用户自己选择的信息与自己的兴趣和需要相关，因而对接收到的信息关注程度更高，这是 Email 营销获得较好效果的基本原因。Email 营销的这些优点，使其不仅成为重要的网络营销手段，有助于品牌推广和促进销售，同时也成为维持和改善客户关系、开展客户服务的重要工具。

Email 营销还可以进行营销效果监测和数据分析。无论哪一种营销方式，准确、实时的效果监测都不是很容易的事情。相对而言，Email 营销具有更大的优越性，可以根据需要监测若干评价营销效果的数据，如送达率、点击率、回应率等。此外，企业还可以通过发出的每封 Email 的反馈数据看到用户的浏览行为、兴趣和点击习惯，可以据此做出非常详细的报告，用于下一步决策。

Email 营销具有上述提到的各项特点和优势，是相对来说性价比非常高的营销方式。Email 营销主要劣势就是垃圾邮件的泛滥和困扰。进行 Email 营销需要精准的许可式营销，如果没那么精准，短时间大批量的重复内容发送会被列入黑名单。而且用户收到不感兴趣的 Email，会将其列为垃圾邮件，也会对 Email 发件方产生反感情绪，从而降低了品牌的美誉度，也就是说垃圾邮件营销反而对产品推广起到反作用。

四、Email 营销功能

Email 在网络营销中可以扮演多种角色,即在网络营销的不同阶段可以应用 Email 完成不同的营销功能。从目前 Email 营销的应用情况来看,Email 营销的基本功能除了产品或服务的推广,还有可以低成本地与用户进行沟通、建立良好的用户关系与服务、打造企业品牌形象等。具体来看,Email 营销具有 8 个方面的基本功能,详细内容如表 6-1-1 所示。

表 6-1-1 Email 营销的 8 个基本功能

基本功能	功能特点
打造品牌形象	Email 营销对于企业品牌形象的价值,是通过长期与用户联系的过程中逐步积累起来的,规范的、专业的 Email 营销对于品牌形象有明显的促进作用。相对于网站用户服务,它是一个长期的建设过程
产品推广/销售	产品/服务推广是 Email 营销最主要的目的之一,借助 Email 将企业的产品信息或最新的活动咨询发送给用户,推广方式灵活,营销效果好
用户关系	作为一种互动的交流工具,同其他营销方式相比,Email 营销在用户关系方面更有价值,这也是为什么商家愿意通过 Email 了解用户意见、处理用户投诉,保持较好的用户关系
用户服务	Email 不仅用于用户沟通,在电子商务和其他信息化水平比较高的领域,也是一种高效的用户服务手段,例如可以通过内部会员通信等方式提供用户服务
网站推广	与产品推广功能类似,Email 营销也是网站推广的有效方式之一。相比其他推广方式,Email 营销推广更为主动、针对性更强
资源合作	经过用户许可获得的 Email 地址是企业的宝贵营销资源,可以长期重复利用,并且在一定范围内可以与合作伙伴进行资源合作,如相互推广、互换广告空间
市场调研	利用 Email 开展在线调查是网络市场调研中的常用方法之一,具有问卷投放和回收周期短、成本低廉等优点
增强市场竞争力	在所有常用的营销方式中,Email 营销是信息传递最直接、最完整的方式,可以在很短的时间内将信息发送到列表中的所有用户

思考与总结

职业技能训练

1. 训练目标

（1）培养学生观察、认识企业网站许可式 Email 营销的设计与实施。

（2）培养学生认识 Email 的基本结构，为 Email 营销的策划奠定基础。

2. 训练内容

（1）企业许可式 Email 营销分析。

企业想要获取目标用户的邮件地址，通过企业网站吸引用户订阅是一个常见的方式。用户主动填写自己的电子邮箱，表明用户愿意收到来自企业的 Email，因此该 Email 符合许可式 Email 营销的条件。

以 AUKEY 的网站为例，登录该企业网站，可以了解品牌信息、主营产品等，如图 6－1－2 所示。

图 6－1－2　AUKEY 企业官网

而网站的下部，可以看到用户订阅的入口，并对订阅用户提供相应的服务和优惠，如图 6－1－3 所示。

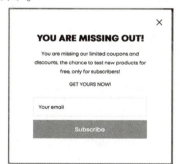 

图 6－1－3　AUKEY 官网的 Email 订阅界面

接下来，请以小组为单位，共同查找资料、整合信息，对知名跨境电子商务企业的网站进行对比分析，了解企业是如何提供许可式 Email 营销服务的。填写企业 Email 营销分析表，如表 6－1－2 所示。

表 6－1－2　企业 Email 营销分析表

企业名称	企业网站	主营产品	目标用户	订阅 Email 提供的服务	截图
ANKER					
AUKEY					
SHEIN					
ZAFUL					
……					

（2）Email 分析。

在了解企业的 Email 营销服务之后，选择感兴趣的企业进行 Email 订阅。进入邮箱中查收 Email，并对 Email 进行分析，填写 Email 分析表，如表 6-1-3 所示。

表 6-1-3　Email 分析表

Email 项目	企业 1	企业 2	企业 3
主题			
发件人			
发送时间			
内容			
功能			
分析结论		收到的 Email 有哪些共同属性？	

任务评价

1. 本次任务的技能点评价（如表 6-1-4 所示）

表 6-1-4　本次任务的技能点评价

序号	技能点评价	佐证	达标	未达标
1	许可式 Email 营销识别	能够说出企业网站如何进行许可式 Email 营销		
2	分析 Email 结构	能够针对收到的 Email 分析其基本结构		
3	分析 Email 营销功能	能够针对收到的 Email 分析其营销功能		

2. 本次任务的素质点评价（如表 6-1-5 所示）

表 6-1-5　本次任务的素质点评价

序号	素质点评价	佐证	达标	未达标
1	协作精神	能够和团队成员协商合作，共同完成实训		
2	资源的查找、整合能力	能够进行相关资源的查找和整合		
3	自我学习能力	能够运用网络资源，自我学习 Email 营销的相关知识和技能		

项目六　跨境电子商务 Email 营销与策划

任务二　跨境电子商务常用的 Email 营销工具

任务描述

在了解了 Email 营销的基本概念和相关知识后，小王准备开始进行 Email 营销工作。工欲善其事必先利其器，想要做好 Email 营销工作，就需要准备好营销工具。很多企业使用国内邮箱进行跨境营销时会受到一定限制，所以需要提前准备好专用邮箱。当收发大量 Email 时，还需要准备好 Email 管理软件。常用的海外电子邮箱有哪些？常用的 Email 管理软件有哪些，该如何使用？通过本次任务，学习 Email 营销常用的营销工具。

知识嵌入

一、电子邮箱介绍

针对跨境电子商务市场，这里主要介绍几个日常交流常用的海外电子邮箱，方便与海外客户更好地进行交流。

（一）Gmail 邮箱

Gmail 邮箱（Logo 如图 6-2-1 所示）是我们最熟悉的一款国际化邮箱了，它是 Google 公司在 2004 年 4 月 1 日发布的一个免费电子邮箱服务工具。Gmail 邮箱最大可支持 15GB 的免费存储空间，可以使用大多数语言发送和阅读 Email，界面支持 38 种语言。Gmail 邮箱可以永久保留重要的邮件、文件和图片，使用搜索可以快速、轻松地查找任何需要的内容，让这种查看邮件的全新方式作为对话的一部分更加顺理成章。

网址：https://mail.google.com/。

图 6-2-1　Gmail 邮箱 Logo

（二）Hotmail 邮箱

Hotmail 邮箱（Logo 如图 6-2-2 所示）是互联网免费电子邮箱之一，世界上的任何人可以通过网页浏览器对其进行读取，收发 Email。它于 1995 年由杰克·史密斯（Jack Smith）和印度企业家沙比尔·巴蒂亚（Sabeer Bhatia）建立，并于 1996 年 7 月 4 日开始商业运作。

于 1997 年年末被微软以 4 亿美元的巨资收购，并由原来运行于 FreeBSD 平台逐步过渡至完全运行于 Windows 平台上，之后还跟微软的其他服务合并成为 MSN 和 Windows Live 的组成部分。

网址：https://outlook.live.com/。

165

图 6-2-2 Hotmail 邮箱 Logo

(三) 雅虎邮箱

雅虎邮箱（Logo 如图 6-2-3 所示）是雅虎公司推出的一个电子邮箱服务工具。雅虎是全球最早从事 Email 服务的互联网企业之一。雅虎邮箱自 1996 年开始，在全球范围内为用户提供电子邮箱服务。

目前，雅虎邮箱在全球范围内同时为 2.43 亿用户提供服务，支持 21 种文字，与 192 个国家邮件收发畅通无阻，至今仍然保持全球用户群最广泛、最大众化的免费电子邮箱服务商的地位。

网址：https://cn.overview.mail.yahoo.com/。

图 6-2-3 雅虎邮箱 Logo

二、Email 管理软件介绍

(一) Outlook

Outlook 是微软办公软件套装的组件之一，它对 Windows 自带的 Outlook Express 的功能进行了扩充。Outlook 的功能很多，可以用它来收发 Email、管理联系人信息、记日记、安排日程、分配任务。

Outlook 可帮助查找和组织信息，能够无缝地使用 Office 应用程序如 Word、Excel 等，能够更有效地交流和共享信息。同时，Outlook 可以帮助筛选和组织 Email，可以实现集成和管理多个 Email 账户中的 Email、个人日历和组日历、联系人以及任务。Outlook 操作界面如图 6-2-4 所示。

(二) Foxmail

Foxmail 是中国最著名的软件产品之一，中文版使用人数超过 400 万，英文版的用户遍布 20 多个国家，名列"十大国产软件"之一。Foxmail 是由华中科技大学张小龙开发的一款优秀的国产电子邮件客户端软件，2005 年 3 月 16 日被腾讯收购。由于 Foxmail 是国产的邮件客户端，因此相比其他邮件客户端，它更加符合中国用户的需求，适应中国用户的习惯。Foxmail 操作界面如图 6-2-5 所示。

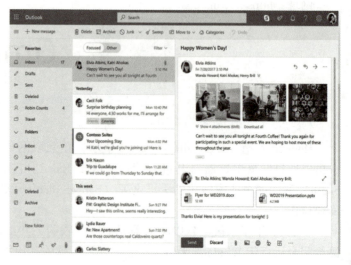

图 6-2-4 Outlook 操作界面

项目六 跨境电子商务 Email 营销与策划

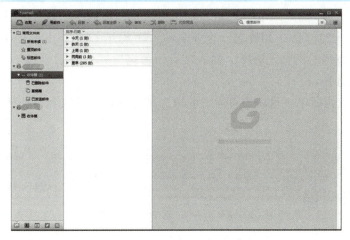

图 6-2-5　Foxmail 操作界面

Foxmail 的功能有很多，下面介绍 Foxmail 的常用操作。

1. 新建账号

打开 Foxmail，进入软件界面。如果是首次启动软件，会弹出"新建账号向导"，在 Email 地址中输入自己的邮箱地址。若非首次启动，单击"工具"—"账号管理"，并在弹出的窗口中单击左下角的"新建"按钮即可出现如图 6-2-6 所示的"新建账户向导"，在其中填入自己的邮箱地址即可。

单击"下一步"后 Foxmail 会自动识别邮箱类型，这时候需手动输入邮箱密码以及账号描述。若系统无法识别邮箱类型，需要选择邮箱接收服务器类型（POP3 或者 IMAP）。单击"下一步"完成设置，可以单击"测试"检测配置是否准确。这样就可以使用 Foxmail 来收发 Email 了。

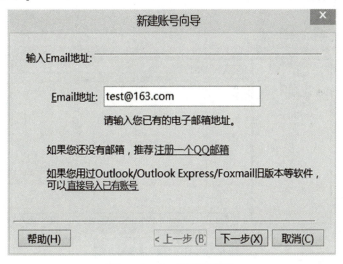

图 6-2-6　创建新账号

2. 收发 Email

配置好邮箱地址之后进入 Foxmail 主窗口，在这里可以完成 Email 的发送、收取、回复、转发等多种功能。单击"写邮件"进入邮件编辑窗口，如图 6-2-7 所示，可以在此编辑新 Email。收件人处输入收件人的邮箱地址，如果需要发送给多个收件人，可以在收件地址之间使用";"隔开。单击"附件"可以添加所需附件。Email 末尾可以设置专属签名,添加发件人的信息(如姓名、企业名称、联系方式等),不仅使 Email 更为专业,也增加了展示、宣传的机会。选择"插入"—"签名"—"签名管理"—"新建签名",有多款签名以供选择。

接收 Email 较为简单,只需要单击"收取"按钮即可,系统会自动从 Email 服务器中收取 Email。

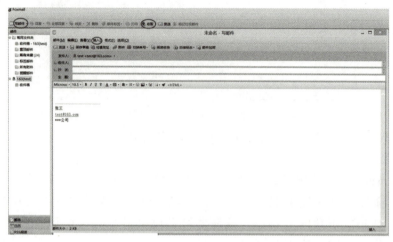

图 6-2-7 收发 Email 界面

3. 地址簿管理

要记住多个 Email 地址很困难,因此我们可以使用地址簿管理功能。将常用的 Email 地址保存在地址簿中,需要的时候调用它就可以了。单击"工具"—"地址簿"会出现如图 6-2-8 所示的窗口。

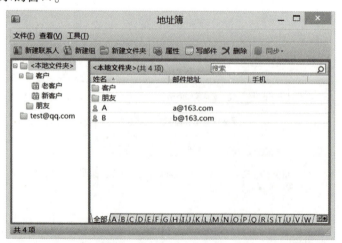

图 6-2-8 地址簿管理界面

单击"新建文件夹"来新建所需存放 Email 地址的文件夹,根据需要对文件夹进行命名,将收集的 Email 地址进行分类,以便实现更为精准的 Email 营销。在文件夹下面还可以进行分组,单击"新建组"来建立分类更细的地址组。单击"新建联系人"可以添加新联系人的相关信息和邮件地址,通过鼠标拖拽可以调整联系人的分组。Foxmail 同时提供导入、导出功能,可以将收集的 Email 地址以指定文件导入,或者将软件中的地址簿导出。

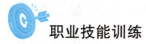
职业技能训练

1. 训练目标

（1）使学生能够独立完成电子邮箱的注册。

（2）使学生能够使用 Email 管理软件进行 Email 管理、收发 Email 等常用功能。

2. 训练内容

（1）Gmail 邮箱注册。

登录 Gmail 的注册网址，单击"创建账户"，根据要求填写个人信息，如图 6-2-9 所示，信息填写完整后就注册成功了。

图 6-2-9　创建 Gmail 账户

（2）Foxmail 软件使用练习。

使用 Foxmail 软件将已注册好的邮箱绑定，并完成相应的账号设置，如图 6-2-10 所示。

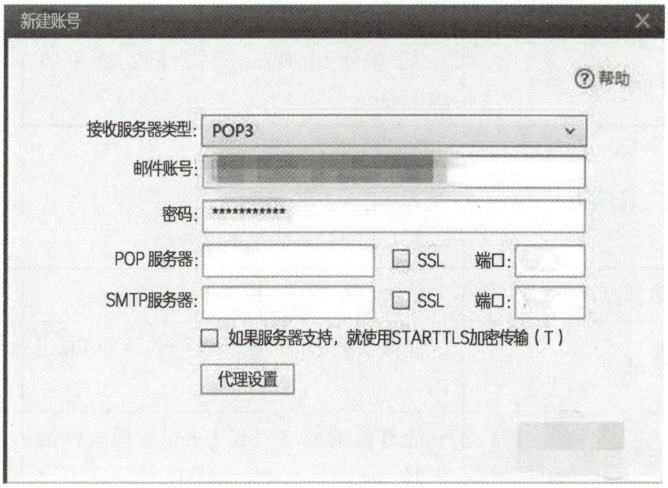

图 6-2-10　创建 Foxmail 账户

练习使用 Foxmail 向班上三位同学发送一封 Email，内容为介绍一个你最喜欢的产品，重点介绍产品的特点。设置签名为自己的姓名、班级、学号，如图 6-2-11 所示。

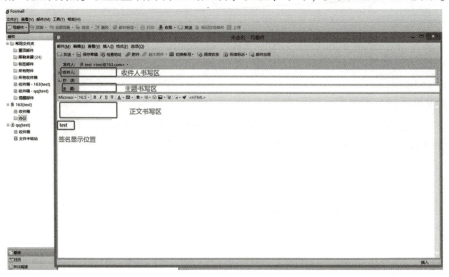

图 6-2-11　使用 Foxmail 撰写邮件

任务评价

1. 本次任务的技能点评价（如表 6-2-1 所示）

表 6-2-1　本次任务的技能点评价

序号	技能点评价	佐证	达标	未达标
1	注册电子邮箱	能够独立完成邮箱注册		
2	Foxmail 软件设置	能够创建 Foxmail 账户，并完成软件基础设置		
3	发送 Email	能够使用 Foxmail 软件发送和收取 Email		

2. 本次任务的素质点评价（如表 6-2-2 所示）

表 6-2-2　本次任务的素质点评价

序号	素质点评价	佐证	达标	未达标
1	创新意识	能够根据 Email 主题设计创新的 Email 内容		
2	资源查找能力	能够借助网络完成 Email 管理软件的下载		
3	自我学习能力	能够运用网络资源，自我学习邮箱注册、Email 发送的相关知识和技能		

项目六　跨境电子商务 Email 营销与策划

任务三　跨境电子商务 Email 营销策划方案

 任务描述

经过前期的准备工作，小王就要开始进行 Email 营销方案的制定和实施了。可是如何着手开展 Email 营销？Email 营销策划的流程是怎样的？通过本次任务，学习电子商务跨境 Email 营销策划的流程和要点。

 知识嵌入

　一、跨境电子商务 Email 营销策划的流程

（一）制定营销目标和目标客户

Email 营销不是简单的发送普通邮件，而是面向目标用户开始一个长期的、持续的、个性化的、一对一的，基于许可式 Email 的营销活动。确定明确的目的和目标，制定合理的目标任务，分解计划和预算，选择合适的方法与策略，建立相应的配套组织和服务体系，是开展 Email 营销第一步。

Email 营销的目标须和企业整体营销、品牌战略相一致。一次 Email 营销可能是为了推广品牌形象，可能是为了进行产品推广或者产品营销活动的宣传，也可能是为了增加新客户的关注等。在前期准备时，企业需要结合当前自身的状况和不同的营销计划，确定此次 Email 营销的目的。

在明确此次 Email 营销目的之后，需要明确此次 Email 营销的目标用户。不同的产品所面对的目标用户不同，因此我们在进行 Email 营销时更要有针对性地进行营销，实现精准营销，更快地达到预期效果。

例如，营销计划是针对热水器的营销活动，如果未对用户进行分类，那么产生的结果就是，所有的用户都将收到营销活动的邮件。而恰恰有一部分人刚买同品牌热水器不久，这将会形成价格差，那么这部分用户必将心中感到不平衡，不仅不能带来营销效果，反而还会导致用户对公司不满，甚至投诉纠纷。

（二）获取 Email 列表

在企业明确自己的营销目标后，需要针对自己的用户群建立 Email 列表。进行 Email 营销，首先需要有足够的 Email 地址作为储备。收集用户 Email 地址的方式有很多种，如 Email 订阅框、通过活动收集、通过社交媒体收集等。例如在速卖通页面下就有 Email 订阅的按钮，可由用户自行填写，如图 6-3-1 所示。

根据 Email 营销的要素我们知道，进行 Email 营销需要获得用户的许可。那么怎样能让用户愿意提供自己的 Email 地址呢？通常可以采用一些刺激性的方式让用户主动提供

· 171 ·

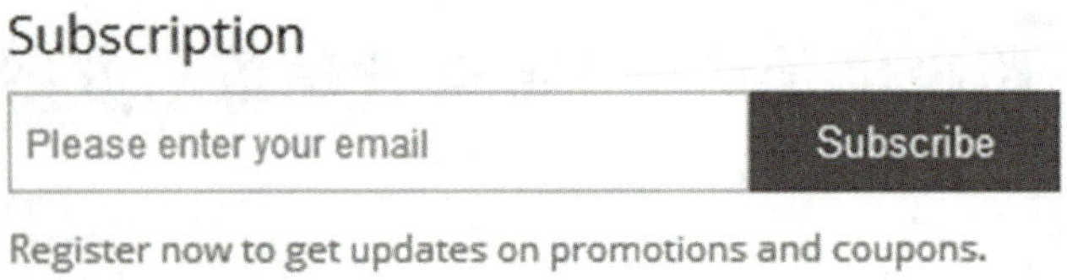

图 6-3-1　速卖通 Email 订阅框

Email 地址。例如提供优惠券、订阅提供现金抵扣券、一些独享优惠产品限购等，让用户在知情的情况下，觉得提供 Email 地址有价值，愿意主动提供。需要注意的是，千万不要采用盲目购买 Email 地址的方式，购买 Email 地址准确性不能保证，且用户在不知情的情况下收到 Email，会觉得莫名其妙，甚至觉得信息被盗用，会对品牌造成严重影响。

收集 Email 地址的时候，还需要有意识地进行 Email 数据分类。好的 Email 列表可以让 Email 营销事半功倍。有些用户提交的 Email 地址可能有误，根据发送后反馈的信息，尽量修复无效地址，将重复的 Email 数据进行删除。对于已具有购买记录的用户数据，可以根据用户的消费习惯、消费水平、地域、性别等对 Email 地址进行分类。在 Email 营销过程中，使用跟踪工具对数据进行定期归类整理，如打开记录的地址、转化的地址、取消订阅的地址等。

（三）合理设计 Email 内容

在 Email 营销中，Email 的内容设计范围很广，灵活性也更大，对 Email 营销的最终结果影响更直接、更显著。因为没有合适的 Email 内容，再好的 Email 列表技术平台、再多的 Email 列表用户也无法实现营销的目的。因此对于 Email 营销来说，Email 内容的设计对于营销效果的影响至关重要。

1. 吸引人的主题

用户每天可能会收到很多 Email，如果你的 Email 标题不能在 1.54 秒之内吸引用户的关注，那么他可能会往下看其他的 Email 或页面。一个有创意的主题会吸引接收者打开 Email，只有打开 Email 才会看到 Email 里面的内容。因此，Email 主题的好坏会直接影响 Email 的打开率。

在 Email 主题撰写的时候一定要独具匠心，使得主题更加突出。这样撰写的意义就在于，它不仅能够使得 Email 的阅读量达到预期效果，而且为订单的销售提供一定的机会。通过主题要能看出这封 Email 的主要内容，因此在撰写主题时一定要突出 Email 主题。主题并不一定写得很长，尽量简洁，明确表达能为用户带来什么价值。避免使用一些可能会引发垃圾 Email 的敏感词，比如免费、优惠、低价等。在 Email 营销过程中，如果不确定什么样的主题效果更好，可以做一下 A/B 测试，选择一个打开率、点击率比较高的主题。

2. 内容为王

所谓"内容为王"，是指一封 Email 能否足够吸引人，能否促进用户进一步了解产品，提高点击率和转化率，实现营销目的，关键需要看 Email 的内容。

Email 内容对用户有价值，这是 Email 营销的基本前提。通常 Email 的内容包含产品优惠信息，例如在产品介绍中展示产品的原价、优惠价以及节省的金额，从而提高用户的兴趣。同时辅助以网站链接，方便用户单击链接进入网站进一步了解产品情况。链接尽可能明显，可使用提醒或标签，使用户一眼能识别出链接按钮。Email 内容中要制造紧迫感，比如"活动只剩最后 24 小时"。人们在一封 Email 上阅读的时间往往很短，换句话说，最好能够在短时间内，让用户了解 Email 想表达的重点。可以把最重要的信息放到 Email 的第一段，并使用项目符号让 Email 内容更易阅读。Email 内容每次都应该有一个特定的主题和方向，让用户的每次阅读都能获得不一样的体验，以此培养用户的阅读兴趣和习惯，增强用户黏性。

3. 合理使用图片

同样的内容分别使用文字描述和图片描述，往往用户会更喜欢看图片，因为图片比文字表达内容更直接、更生动。我们在日常接触到的营销 Email 中也会发现，各个公司为了让 Email 更加吸引人，加入了丰富的静态图片或者 GIF 动态图片，如图 6-3-2 所示。

图 6-3-2　Postmates 用生动的图片抓你眼球

除了考虑视觉效果，使用图片时还应将设计好的排版格式固定，确保 Email 传递效果。然而，全图片的 Email，可能因为缺乏文字内容，系统无法分析内容而被误判为促销广告或垃圾邮件。很多电子邮箱服务器（例如雅虎、Gmail、Hotmail 等）都不会自动显示 Email 中的图片，需要用户单击"显示图片"才能看到图片内容，这种情况下用户可能会错过精心设计的 Email。因此，在 Email 内容上，控制图片与文字的比例，例如图片与文字比例 5∶5 或 6∶4，既可以保持图片带给用户的视觉感受，缩减在阅读内容时所花费的时间，又能保证在图片无法正常显示的情况下能够充分地理解 Email 内容。

4. 个性化 Email

这是一个个性化的时代，好的 Email 营销策略就是要根据用户兴趣定制 Email 或增加 Email 个性化内容。

个性化 Email 是指一封 Email 看似只是发送给一位用户，但实则是通过个性化的处理发送至整个邮件地址列表。如在 Email 主题或内容中加入收件人的名称/公司名称等，让用户感到是针对自己的专属 Email，包括 Email 的风格及 Email 的内容，都具有专门的针对性，如此让用户有更好的体验。相对其他营销方式，Email 营销更能实现与目标用户的一对一直接交流，个性化营销更容易实施。统计结果显示，个性化的 Email 可以增加 11% 的打开率和 17% 的点击率。

在使用个性化 Email 时，最常见的就是 Email 称谓的个性化，通常以收件人的名字作为称谓，而不是笼统地使用"亲爱的用户"之类的称谓。在 Email 称谓上实现个性化，收件人会感觉这封 Email 是专门给他发送的，自然 Email 的打开率会提高很多。姓名仅仅是个性化 Email 的一小部分，更多的是在 Email 内容中实现个性化。在制作 Email 内容时，通过对用户的消费历程、使用习惯等数据进行分析，提供其感兴趣的内容。用户在收到 Email 时，能够感受到商家是在用心了解他、推荐产品，对于品牌的好感度会增加，相应 Email 的点击率、转化率也会提升。

5. 行动号召按钮

Email 营销的主要目的是能够触发收件人的点击动作，吸引用户跳转到网站上查看更详细的信息或点击购买，这个时候就需要一个引导下一步行为的按钮。在一封 Email 中，能更大化促成这种关注行为的关键元素就是 CTA（Call To Action）按钮，即行动号召按钮，如图 6-3-3 所示。

图 6-3-3　Email 中的 CTA 按钮

你需要想出一个强有力的、以你期待的行为反馈为目标的行动号召，如"Read more""Shop now""Buy now and get 15% off"。更具有紧迫感的行动号召可以促使收件人在阅读后立即采取行动。

6. 提供退订

Email 营销要做许可式 Email 营销，用户不但可以订阅 Email，也可以退订 Email。因此 Email 中必须包含退订链接，方便那些不想继续接收 Email 的用户能方便地退订 Email。这样做不仅可以有效降低投诉率，同时也是相关法律规定的。

通常情况下，营销 Email 的退订按钮均被放置在 Email 的最底部，这样做的目的是让 Email 阅读者最晚发现"退订"，以此来提高 Email 的被阅读概率以及降低退订率。当然一定记得把退订的按钮和链接放在 Email 页脚处显眼的位置，以免用户找不到退订按钮而举报垃圾邮件。

在设计退订页面时,尽量设计得简单、清晰,退订方法应该简便快捷,例如,通过简单的回复或者单击相关的链接。没必要将退订过程过于复杂化,增加用户的反感。在退订页面可以设置一些简单的问题,通过用户的回复分析退订的原因,如内容价值不高、不喜欢 Email 的整体设计、Email 发送过于频繁、个人兴趣的转移等。通过对这些因素的分析,可以更为精准地定位用户,推动 Email 营销的完善。

这里我们可以看一封来自 Coach 的营销 Email,在它的 Email 设计中就包含着我们上面说到的各个要点,如图 6-3-4 所示。

图 6-3-4　Coach 的新品营销 Email

(四) Email 的制作与发送

在确定了此次 Email 营销的内容之后,接下来就需要开始着手制作具体的 Email 页面。Email 的呈现方式多种多样,但是其实现在的方式还是通过 HTML 语言进行编辑。所以在编辑营销 Email 时,还需要通过相关的 HTML 编辑器进行设计,最常用的 HTML 编辑器是 Adobe Dreamweaver。

随着智能手机的普及,移动设备在跨境电子商务以及各种营销渠道中的使用越来越广泛。Email 营销平台 Movable InkQ3 所发布的《消费者设备偏好报告》显示(如图 6-3-5 所示),近一半的 Email 是通过手机打开,17% 的 Email 通过平板电脑打开,移动端的占比达到 2/3,可见移动设备现已构成了 Email 阅读的重要媒介平台。因此在进行 Email 的制作和发布时，需要考虑移动端的阅读效果。

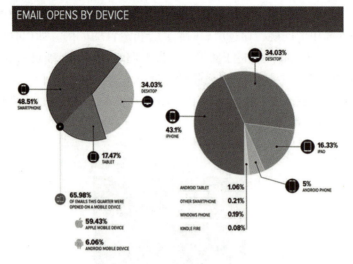

图 6-3-5　Email 打开终端情况

传统 Email 无法适应不同移动设备的尺寸，因此不能进行最佳展示，无论是长度、字体大小、版式布局还是图片分辨率都会在移动设备上变形，用户不得不手动调整以完整阅读。因此针对移动设备中的 Email，也需要好好进行设计。例如：控制 Email 的大小，避免使用复杂的结构，以免在小屏幕上无法完全加载；尽可能将关键词放在 Email 主题行的开头，手机上 Email 主题行的显示有限，尽量在前几个字中抓住用户的眼球。

在 Email 发送之前，可以先选择一些收件人进行测试，从用户的角度了解他们的喜好。通常我们采用 A/B 测试，测试不同的 Email 主题、内容、接收目标人群、发送时间等，评估哪一种效果更好，通过对比测试结果找到更适合营销的 Email 设计，从而达到最佳的 Email 营销效果。

（五）营销效果评价

Email 营销一大优势就是营销效果易于检测和评估。通过对 Email 营销进行相应指标的追踪、检测和分析，能够对营销效果进行评价，同时还能够通过反馈信息发现营销过程中存在的问题，从而对营销活动进行相应的调整和控制。

常用于评估效果的指标有以下几个：

1. 到达率（Delivery Rate）

到达率显示邮件已进入用户邮箱的比例，是成功完成最终转化的第一步，是根本性的指标。到达率公式为：实际到达用户收件箱/发送数量×100%。通常 Email 不能到达有两个原因：一，用户邮箱已满，接收 Email 受限；二，用户的 Email 地址是无效的。根据到达率的结果我们可以更新 Email 列表，剔除无效的 Email 地址，提高效率。

2. 打开率（Open Rate）

打开率是指成功收到邮件后，打开邮件的用户比率。打开率公式为：打开量/发送数量×100%。该指标主要用于评估用户对营销 Email 的接收度和兴趣度，主要考察的是 Email 主题是否能够吸引用户的兴趣。除了 Email 主题，发件人的名字、发件人的邮件地址是否专业、用户对该品牌的认知程度都会影响打开率。美国的研究发现，70% 的下单用户是在打开 Email 后 3 个小时内立即购买的。

3. 点击率（Click Rate）

点击率是指用户打开邮件量阅读后，点击邮件中相关链接，进入所宣传网页阅读的数量占发出的总邮件数量的比率。点击率公式为：点击量/发送数量×100%。用户在打开 Email 之后，是否会点击相关链接则主要反映了用户对于 Email 内容的兴趣。因此点击率主要能反映 Email 内容设计的好坏，内容对于客户越有价值，越吸引人，点击率会越高。同时，根据 Email 中不同链接的点击数据分析，也可以了解用户对哪些内容更感兴趣，从而帮助商家以后更有针对性地设计营销内容。

4. 转化率（Conversion Rate）

转化是 Email 发送最后的目标，能够考察整个 Email 营销的最终实施效果。转化率是指用户在阅读完邮件之后，愿意接受或者购买所推销的服务或产品的数量占发出的总邮件数量的比率。这个指标比点击率更能具体显示出此次营销是否成功地刺激用户并改变其行为。影响转化率的高低，除了之前的指标，还有网站设计情况以及产品是否满足用户的需求。如果之前的指标数据情况良好，而转化率上不去，就需要反思是否自己的产品没有足够的吸引力留住客户。

二、跨境电子商务 Email 营销策划的要点

（一）发送的时间及频率

什么时间发送 Email 最佳？并不是任何时间段都适合进行 Email 营销，在发送 Email 时应该考虑海外用户的作息时间规律。因为使用 Email 较多的是上班族，周末一般来说不适合进行 Email 发送，而星期二、星期三、星期四的发送效果最好。一般海外用户多数在 9 点开始上班，10 点到 11 点之间休息时间常常会刷新 Email，这时打开率可能会提高。大部分用户在下班前一般会清理邮箱，刚好在这个时间送达的 Email 被打开的概率也会提升。当然，考虑到不同国家的时差不同，发送时间应该根据各国情况进行相应调整，满足当地的工作时间，如表 6-3-1 所示。

表 6-3-1 基于中国时间的各国工作时间

国家	工作时间
澳大利亚	9:00—17:30
加拿大	19:00—3:30
巴西	19:00—3:30
英国	17:00—1:30
法国、德国、意大利、西班牙、荷兰、葡萄牙	15:00—23:30

美国因为地域较广，需要根据用户所在时区进行调整。

什么样的发送频率最好呢？并不是发送频率越高效果越好。频率是把双刃剑，发送频率过低，可能影响用户关系建立；发送频率过高，则很可能引起用户厌烦，造成用户退订

Email。确定一个适合的 Email 发送频率，对于建立和保持长久良好的用户关系至关重要。而频率的确定往往要结合用户自主选择的订阅频率以及用户的历史购物行为整体进行规划。

（二）了解用户消费习惯

由于风俗文化、消费习惯、经济发展水平等方面的不同，不同国家的用户对营销信息的偏好也存在区别。如：欧洲很多地方不过感恩节；学生群体对价格更敏感；日本用户以信用卡付款和手机付款为主；印度、印尼部分用户更换家中电视机的速度比欧美发达国家更快；法国人喜欢圣诞节采购；德国网购以男性用户为主；北欧斯堪的纳维亚国家人均消费额全欧洲最高。跨境电子商务企业需要对目标市场的文化、风俗和节日，用户的特殊喜好、消费习性等了解清楚后，再参照用户的历史消费行为，去制定 Email 内容及 Email 营销策略。

（三）Email 签名信息

Email 可以在末端设置一个签名模板，放上公司的资料，不仅能够对发件人信息进行补充，显得更加正规，还可以引导用户搜索。在签名处还可以加上外贸网站的社区账号，引导用户去关注。如果 Email 内容好，Email 也会被分享，因此签名的内容在品牌宣传方面也相对重要。

（四）减少 Email 退回的方法

（1）尽量避免错误的 Email 地址。

（2）改进数据登记方法。这主要适用于通过电话人工记录用户 Email 地址的情形，需要对工作人员进行必要的训练。

（3）发送确认信息。即采取用户确认才可以加入列表的方式。

（4）保持列表信息准确。对于 Email 列表地址进行分析判断，对于无效用户名或者域名格式的 Email 地址予以清除。

（5）对 Email 被退回的过程有正确了解。退信有硬退信和软退信之分，针对不同情形采取相应对策。

职业技能训练

1. 训练目标

（1）使学生能够根据企业产品和营销目的选择合适的目标人群。

（2）使学生能够设计营销 Email 的内容。

2. 训练内容

B 公司是一家礼品公司，成立距今已有 100 年的历史，主要有水晶、宝石等系列产品，产品制作工艺精湛、注重创新、风格时尚。公司计划通过 Email 营销进行品牌和活动宣传。假设你是该公司的营销人员，请你为公司设计一封欢迎 Email。

Email 主题：感谢注册本网站的会员。向用户介绍企业的情况，并提供产品促销优惠。网站提供包邮和退货服务，首次购物可享受 15% 的折扣（输入优惠代码"WELCOME"）。

（1）根据公司和产品特点，选择目标用户，填写表 6–3–2。

表 6–3–2　选择目标用户

目标用户	选择理由

（2）设计 Email 内容，填写表 6–3–3。

根据产品特点、营销目的和目标用户人群，设计 Email 内容，为 Email 撰写吸引人的主题。内容使用英文撰写，文笔通顺，能够表述清楚 Email 的主题，注意图文结合。Email 中有清晰的 CTA 按钮，并在 Email 底部提供退订按钮（Unsubscribe）。为 Email 设计签名，展现公司的联系方式和发件人。

表 6–3–3　设计 Email 内容

主题	
正文	
签名	

任务评价

1. 本次任务的技能点评价（如表6–3–4所示）

表6–3–4　本次任务的技能点评价

序号	技能点评价	佐证	达标	未达标
1	确定目标用户人	能够根据企业和产品特点确定目标用户		
2	撰写邮件主题	能够撰写出吸引人的主题		
3	设计Email内容	能够根据主题要求撰写Email内容，图文结合，文笔流畅，突出主题，富有吸引力		

2. 本次任务的素质点评价（如表6–3–5所示）

表6–3–5　本次任务的素质点评价

序号	素质点评价	佐证	达标	未达标
1	创新意识	能够在Email内容设计中提出创新的主题和内容构思		
2	协作精神	能够和团队成员协作共同完成实训任务		
3	资源的查找、整合能力	能够运用网络资源，查找相应的图片素材		
4	严谨的工匠精神	能够对目标用户进行分析，并结合数据不断优化Email设计		

任务四 跨境电子商务 Email 营销案例

小王所在的 Email 营销团队在完成了 Email 营销方案的制定和实施后,一直根据 Email 发送后的数据进行跟踪和分析。Email 营销是个长期的过程,小王想要了解大企业是如何进行 Email 营销的。通过本次任务,了解兰亭集势、大龙网、Everbuying 的 Email 营销案例,掌握不同的 Email 营销策略。

据不完全统计,我国境内各类平台企业已超过 5000 家,通过平台开展跨境电子商务的外贸企业超过 20 万家。而如兰亭集势(Lightinthebox)、大龙网(DinoDirect)、Everbuying 等上规模的跨境电子商务企业虽具有先发优势,但也同时无法避免日趋白热化的竞争。Email 营销作为与支付、清关、物流等并存的跨境电子商务掣肘环节,也是业内关注的焦点。

接下来我们就以上述三家公司为例,看一下跨境电子商务巨头是如何进行 Email 营销的。

一、兰亭集势——Email Only 价格(电子邮件用户专享价格)是主旋律

外贸电商第一股兰亭集势,主营产品覆盖服装、电子产品、玩具、饰品、家居用品、体育用品等。2014 年四季度兰亭集势成功扩张了成衣的产品供应并提升了海外地区的市场营销,而来自移动端的销售也在强势上涨。从 Email 内容来看,兰亭集势正在寻找一些市场前景较好的产品来拓展品类,诸如服装、小配件等。

在 Email 营销策略上,兰亭集势依然保持 2013 年的一贯操作:注重 Email Only 电子价格和 Email Only 产品和页面内容展示。Email Only、价格战依然是其 Email 营销的主打旋律,而 Email Only 优惠是其吸引新客户和留住老客户的主要策略。从页面设计来看,Email 配备了基本的社交功能,如图 6-4-1 所示。与之前不同的是,2015 年以来兰亭集势的 Email 内容回归平凡,抛弃了之前在 Email 中频繁加入小量级的 Gif 图设计的做法以及重视客户晒单和购物愉悦评论的点睛之笔,具体原因值得令人深思。

二、大龙网(DinoDirect)——多组合策略挽回客户

在客户注册订阅邮件的初始,为客户提供新客户优惠及购物流程指导,作为欢迎新客户的入门礼,在跨境电子商务 Email 营销中得到了普遍且很好的应用。跨境 B2C 电子商务企业一般在客户成功订阅 Email 后,会发送确认订阅 Email、欢迎 Email 等类型的 Email,

图6-4-1　兰亭集势的营销Email

从客户体验的角度，给新加入的客户提供网站购物及操作指南及向导。在确认邮件中，适当巧妙加入热门产品、Coupon等促销元素，引导客户转化。

但是这种好的开始往往并没有得到延续，当客户许久不曾活跃在Email列表中，大部分的跨境电子商务企业没有采取后续行动，通过Email和SEO、广告等渠道辛苦吸引过来的客户，就这样悄悄地流失了。而大龙网是为数不多的采用"多组合策略挽回客户"的跨境电子商务企业。

60天、120天……当客户许久不曾打开Email，大龙网就会给客户发送一封亲切而深情地呼唤客户回归的邮件，当然Email中额外折扣必不可少，就像图6-4-2中展示给大家的一样。

除此之外，他们还考虑到了可能由于阅读设备及方式的变化造成了客户的离开，所以Email中同时还提供Newsletter、App、Facebook等覆盖主流客户群体的多个渠道来挽回客户。

如果以上的努力还是令客户不满意，那么Customer Service Center是最后的法宝，能够直到让客户满意为止。这其实反映了大龙网在客户服务上的重视程度。试想，"客户服务中心"将给客户带来什么感觉——我们不仅随时关注你的需求，更关心与关注你。

三、Everbuying——意味无穷的全球免运费（Worldwide Free Shipping）策略

主营电子和时尚产品的外贸B2C电商企业Everbuying已在美国建立海外仓。为提高客户对网站的忠诚度和信任度，还推出了"30天退款，90天免费保修"的服务保障计划。其Email营销也中规中矩，和其他跨境电子商务并无多大区别。但其采取的全球免运费策略值得广大跨境电子商务企业思考和探索。

"物流"环节是跨境电子商务在快速发展过程中的最大软肋之一。和普通电子商务不同，跨境电子商务物流成本非常高，一些商品价格甚至比运费低。而物流配送方式无论邮寄快递、聚集后规模化运输，还是海外建仓，都牵涉到物流成本和回报率的问题。所以，

图6-4-2 大龙网的营销 Email

对于是否免运费,一些跨境电子商务市场营销人员往往难以决策,这时候我们应该怎么办呢?

2014年6月由哈里斯互动(Harris Interactive)发起的一项针对美国网购用户的研究报告显示:66%的受访者在网购中对运输花费至少有一次不能容忍,意外地高于"实物与网上展示不符"(38%)。而根据性别划分,超过70%的女性受访者认为,运费常常使她们恼怒,相比之下,只有60%的男性受访者这样认为。从年龄阶段来说,60%的18~36岁的受访者表示,运输费用令人恼怒;而68%的37~49岁的受访者和69%的50~68岁的受访者同样讨厌运输费用。总之,年长者和女性对运输费用最为不满,且最不愿意为货物当天和隔夜送达花更多的钱;而当在网上购物时,70%的美国人不会为了立即得到货物而支付费用。

另外,UPS Score 和 E-tailing Group 2014年3月发起的一项投票显示,运输成本在在线购物车遗弃中发挥了至关重要的作用。大约60%的美国买家,放弃了购物车是因为运输成本使得购买总额超过预期。类似比例的受访者事实上也添加商品到购物车以看看其含运输成本的订单,然后与其他网站进行比价。50%的受访者因为订单总额不够无法获得免费送货资格而抛弃了购物车。

跨境电子商务的主要目标客户都来自海外,那么洞悉海外市场客户对于运费的态度,以及运费与下单和最终购买之间的逻辑关联,则是非常重要的环节。而据推测,Everbuying 的全球免运费策略在其 Email 营销中应该发挥了重要作用。如图6-4-3所示,在 Everbuying 的营销 Email 中,都有"Worldwide Free Shipping"的字样放在显著的位置,以吸引消费者进入网站选购商品。作为跨境电子商务者,熟悉各国消费者对于运费的态度,并以此选择合适的物流方式,规划包含运费因素在内的营销策略,将为跨境电子商务营销带来新的视角。

图 6-4-3 Everbuying 的与营销 Email

（资料来源：webpower 中国区）

从上面三个案例中我们可以看到，各个平台在进行 Email 营销时有不同的策略。兰亭集势以 Email Only 价格来吸引新老客户，并附有丰富的产品图片，在视觉上给客户以刺激。大龙网的 Email 在客户维护上更值得我们学习，对于一段时间没有购物的客户，会使用 Email 进行提醒，并给予适当优惠，挽回客户，这也不失为一个非常好的策略。Everbuying 的优势在于它的全球包邮，那么在它的 Email 中都会将这个优惠放在 Email 的最上面，提醒客户。除了这些不同策略，三家平台的 Email 中还有些共同之处。在 Email 页面设计上简单明了，进一步了解产品信息和购买的按钮都很明显，同时促销产品介绍中增加了期限，给客户营造了紧张感，促使他们尽快下单完成转化。此外，Email 中都增加了与 Facebook、Twitter 等社交网站之间的链接，可以更方便与客户之间的互动，更好地了解客户，也增加了自身社交媒体的关注程度。除了我们上面说到的这些，在进行 Email 营销策划时还需要注意如何打造适合海外客户习惯的个性化 Email 模板，如何合理搭配组合商品促销、客户关怀、售后服务等 Email 产品线以及其他方面的问题。

目前跨境电子商务正在告别以往野蛮增长状态，进入竞争日趋激烈下的黄金发展期，跨境电子商务企业在 Email 营销上只有更加精细化地管理才能获得相对竞争优势。

职业技能训练

1. 训练目标

(1) 使学生能够针对不同的营销目的、事件、促销活动为企业策划营销方案。

(2) 使学生能够通过资料搜集、方案撰写掌握企业 Email 营销的策略。

2. 训练内容

在网络上选择一家跨境电子商务企业,为其策划一份 Email 营销方案,并撰写方案报告。

_____
_____
_____
_____
_____
_____
_____
_____
_____
_____
_____
_____
_____
_____
_____
_____
_____
_____
_____
_____

任务评价

1. 本次任务的技能点评价（如表6-4-1所示）

表6-4-1 本次任务的技能点评价

序号	技能点评价	佐证	达标	未达标
1	营销方案策划	能够针对不同情况完成营销方案的设计		
2	营销方案报告撰写	能够撰写营销方案报告		

2. 本次任务的素质点评价（如表6-4-2所示）

表6-4-2 本次任务的素质点评价

序号	素质点评价	佐证	达标	未达标
1	创新意识	能够根据企业特点、营销目的为企业设计创新的营销方案		
2	网络信息搜集能力	能够自主在网络上搜索相关资源		
3	协作精神	能够和团队成员协商合作，共同完成实训任务		

各国反垃圾邮件法

为了杜绝垃圾邮件,世界上很多国家都采取了抵制措施,希望通过立法手段还网民一片宁静的自我空间。在我们从事电子邮件营销工作时,需要给用户发送电子邮件,那么在发送电子邮件时,需要了解客户所在国家的相关法律,合法合规地进行营销活动。

1. 美国

美国可以被称为反垃圾邮件的先驱者。作为世界上信息技术及信息产业最为发达的国家,美国率先开始对这些不受欢迎的电子邮件予以治理。2003年,美国联邦政府通过了CAN-SPAM反垃圾邮件法,这部法律对给用户发送广告邮件的行为作出了一系列的规定。

如果发送的电子邮件是包含市场推广信息或推销信息的(还包含内容中带有网站链接,而这些网站链接链接的是带广告性质内容的页面),就必须严格遵守这部法律的相关规定。若违反了CAN-SPAM法的其中任何一条规定,单人罚款额度最高可达16000美元。因此在电子邮件营销的过程中,必须严格遵守这部法律。

2. 欧盟

2002年7月12日,欧盟议会通过了《欧盟隐私与电子通信指令》。该指令提出,自2003年10月31日起,未经收件人事先同意不得在欧盟范围内向个人发送商业、宣传性的电子邮件。继欧盟对电子邮件服务与使用作出规定后,意大利、丹麦、西班牙等欧盟成员国纷纷响应,通过国内立法规范电子邮件的服务与使用行为,遏止垃圾邮件的泛滥。

3. 澳大利亚

2003年澳大利亚联邦政府制定了反垃圾邮件法《Spam Act 2003》。从2004年4月开始,任何从澳大利亚境内发送电子垃圾邮件的公司或者个人一旦被查获就有可能受到严厉的惩罚。根据该国反垃圾邮件法的规定,所有进入澳大利亚互联网络的商业广告都必须先获得用户的准许才能进入用户的邮箱,否则就是非法行为,要受到法律的追究,那些发送电子垃圾邮件的人一旦被抓获就被定罪,最高可以被判罚款100万澳元。

4. 加拿大

《加拿大反垃圾邮件法》(CASL)于2014年7月1日起施行,CASL是Canada's Anti-Spam Legislation的缩写。该法规定商家未经用户同意而向其发送电子邮件属于违法行为,将受到严厉处罚。根据《加拿大反垃圾电子邮件法》的规定,违反该法的商业公司有可能面临高达1000万加元的罚款,而违反该法的个人罚款最高额是100万加元,而且这1000万加元和100万加元针对的是每一次违反该法的行为。

5. 日本

日本经济产业省于2002年1月10日颁布了《部分修改关于特定商业行为的法律

施行规则的省令》，同年 4 月通过了《反垃圾邮件法》，并于同年 7 月正式实施。根据日本《反垃圾邮件法》的规定，任何违反该法律的企业最高可罚款 256 万美元，个人可判处最高两年的有期徒刑。

(资料来源：Email camel。https：//www.emailcamel.com/node/29)

笔记区

项目七　跨境电子商务品牌营销与策划

【知识目标】

(1) 正确认识品牌营销与策划的概念。

(2) 掌握品牌营销的策略。

(3) 掌握品牌策划的要素。

(4) 掌握1+X跨境电商海外营销职业技能等级证书中相关品牌营销与策划的知识点。

【能力目标】

(1) 具备品牌营销能力。

(2) 具备品牌策划能力。

(3) 掌握1+X跨境电商海外营销职业技能等级证书中相关品牌营销与策划的技能点。

【素质目标】

(1) 了解中国品牌出海营销与策划的案例，培养跨境电商助推品牌出海的社会责任感和使命感。

(2) 能够对跨境营销岗位有更加深入的认知，培养爱岗敬业、精益求精的职业素养。

思维导图

项目七 跨境电子商务品牌营销与策划 ── 任务一 跨境电子商务品牌营销方案
　　　　　　　　　　　　　　　　　　└─ 任务二 跨境电子商务品牌策划

运营故事

中国品牌通过跨境电商在海外走红

被冠以"Amazon Coat"之称的羽绒服品牌 Orolay，在 2020 年 10 月的亚马逊 Prime Day 中创下了两天卖出 10000 件羽绒服的销售记录。这款羽绒服从 2018 年开始在海外爆红，甚至有海外消费者将其与 Moncler、The North Face 对比，其幕后创始人其实是一对中国夫妻。

此外还有一个值得关注的中国跨境电商品牌是兰浪，其特殊之处在于，兰浪本身就是国内 PPE（个人防护设备）行业内的知名品牌，但在三年前兰浪启动品牌重塑战略后，转身成为一个高端、国际化的手套品牌，甚至在伦敦时装周上现身。

Orolay 和兰浪，分别是新兴品牌与传统品牌转型的代表，它们的成功再次验证了中国品牌通过跨境电商在海外走红的可能。从它们的发展故事中可以明显发现，中国消费品牌正在摆脱低端制造的刻板印象，在品牌打造、产品打造以及对消费者需求的及时反馈上，有着新潮、独特的方法论。

如在品牌方面，从 Orolay 和兰浪的案例中都能明显发现当下跨境电商品牌对品牌建设、保护的意识增强。

Orolay 的成功部分得益于其抓住了网红经济的热潮，在 Instagram、Facebook 以及 Orolay 销售的大本营亚马逊上，进行了广告投放和网红合作。兰浪注重品牌认证，并积极使用亚马逊品牌保护工具，作为一个传统手套品牌，其较强的品牌意识在行业内其实并不常见。

此外在产品打造上，跨境电商的产品能力也得到了升级。消费品牌出海需要面临的一个难点，是对海外消费者需求的把握可能不够精准，因此产品能力存在不足。但在跨境电商时代，这一能力短板也可以通过数据补足。

电商场景为品牌提供了大量可研究的消费者数据，支持中国品牌通过这些数据掌握不同国家消费者的真实需求，这正是中国跨境电商能够在海外成功的基础条件之一。

Orolay 与兰浪在进行产品设计时，都利用了亚马逊网站上消费者的数据与反馈。如 Orolay 曾将 100 多个款式产品下架，只保留销量最好的一款，并对其反复进行改版与升级，最后打造出了风靡海外的"Amazon Coat"。兰浪根据亚马逊上的用户反馈研究不同国家消费者的喜好，发现北美消费者喜欢深色、有内衬的手套，日本消费者更钟情于颜色比较小清新的轻薄型手套，再根据这些发现针对性地推出产品。

对所有品牌来说，对消费者需求的洞察都是支撑产品的核心，不过，面对社会环境、消费环境的快速变化,消费者需求与喜好也处于动态变化之中。因此对跨境电商来说,其还需要做到的是对消费者需求的变化快速回应。

尤其是在全球疫情这一大背景下,品牌对消费者需求的回应速度成为制胜关键,也是品牌抗风险能力的体现。一个可供参考的思路是,疫情发生后,Orolay 迅速将原本按预估销售量备货的方式,调整为降低单款数量同时增加款式的方式,基于实际销售情况来进行快速生产与空运补货,以此来降低备货风险。

对这类反应速度快、抗风险能力强的品牌来说,疫情带来的不只是"风险",还有把风险变为机遇的机会。这一点在从传统经营模式转身的兰浪身上体现得尤为明显,得益于在跨境电商上的提前布局,今年在线下制造业受到冲击的情况下,兰浪海外业务逆势反超,成为兰浪发展的极大助推力。

兰浪的故事也再次说明,对中国消费品牌,尤其是一直以来依赖线下经营的传统品牌来说,跨境电商将会为它们打开第二增长曲线。

(资料来源:金融界。https://www.cifnews.com/article/91687)

分析提示

在全球迎来电商机遇期的大背景下,中国跨境电商品牌在这场变局中有着较独特的优势。一方面,疫情之中全球市场对远程办公、远程教育等相关的物资有了更高的需求,而这个分类刚好又是中国供应链比较明显的分类,包括蓝牙耳机、摄像头、升降桌等;另一方面,在目前海外疫情依旧严峻的情况下,国内有条件进行大规模生产制造,为中国跨境电商品牌的加速扩张提供了基础。

任务一 跨境电子商务品牌营销方案

**任务描述**

跨境电子商务品牌营销必须建立在完善的跨境营销计划基础上,需要制定一套完整的品牌营销方案,明确每个阶段做什么、怎么做,才能帮助品牌快速成长。通过本次任务,学习如何制定跨境电子商务品牌营销方案。

知识嵌入

品牌营销是通过市场营销运用各种营销策略使目标用户形成对企业品牌、产品或服务的认知—认识—认可的一个过程。品牌营销就是把企业的形象、知名度、良好的信誉等展示给用户,从而在用户的心目中形成对企业的产品或者服务品牌形象。

一、品牌营销的策略

品牌营销的策略主要有四个：品牌个性、品牌传播、品牌销售、品牌管理。

（1）品牌个性包括品牌命名、包装设计、产品价格、品牌概念、品牌代言人、形象风格等。

（2）品牌传播包括广告风格、传播对象、媒体策略、广告活动、公关活动、口碑形象、终端展示等。

（3）品牌销售包括通路策略、人员推销、店员促销、广告促销、事件行销、优惠酬宾等。

（4）品牌管理包括队伍建设、营销制度、品牌维护、终端建设、士气激励、渠道管理、经销商管理等。

 二、品牌营销方案的内容

一份完整的品牌营销方案主要包含以下三部分内容：

（一）市场调研与分析

（1）营销信息管理与市场需求的衡量：包括营销情报与市场调研、预测概述和需求衡量。

（2）营销环境评估：分析宏观环境的需求和趋势，对主要宏观环境因素的辨认和反应（包括人文统计环境、经济环境、自然环境、技术环境、政治法律环境、社会文化环境等）。

（3）消费者市场及购买行为的分析：包括影响消费者购买行为的主要因素（包括文化、社会、个人、心理等）、购买过程（包括参与购买的角色、行为、决策中的不同阶段）；

（4）市场和购买行为的分析。

（5）分析行业与竞争者：包括识别企业竞争者、辨别竞争对手的战略、判定竞争者的目标、评估竞争者的优劣势与反应模式、选择竞争者以便进攻和回避、在消费者导向和竞争者导向中进行平衡。

（6）确定细分市场和选择目标市场：包括确定细分市场的层次、模式、程序，细分消费市场、业务市场的基础及要求，选定目标市场进行评估和细分。

（二）品牌市场定位

（1）营销差异化与定位：包括差异化（包括产品、服务、渠道、形象）、核心卖点、定位战略（推出多少、哪种差异）。

（2）新产品开发：包括新产品开发的挑战（包括外部环境分析，如机会与威胁分析）、有效的组织安排（包括架构设计）、管理新产品开发过程（包括营销战略发展、商业分析、市场测试商品化）。

（3）管理生命周期战略：包括产品生命周期（包括需求、技术生命周期）、产品生命周期各个阶段、产品生命周期中（包括引入、成长、成熟、衰退）的营销战略、产品生命周期概念的归纳和评论。

（4）设计和管理全球营销战略：包括关于是否进入国际市场的决策、关于进入哪些市场的决策、关于如何进入该市场的决策（包括直接出口、间接出口、许可证贸易、合资企业直接投资、国际化进程）、关于品牌营销方案的决策。

（三）营销推广规划

（1）产品线规划：包括产品线组合决策、产品线决策（包括产品线分析、产品线长度、特色等）、品牌决策、包装和标签决策。

（2）价格策略制定：包括制定价格（包括选择定价目标、确定需求、估算成本、分析竞争者成本等）、修订价格（地理定价、价格折扣和让利、促销定价、差别定价、产品组合定价）。

（3）推广渠道规划：包括渠道设计决策、管理决策、渠道动态、渠道合作、冲突和竞争。

（4）营销传播规划：即开发有效传播，包括确定目标受众、确定传播目标、设计信息、选择传播渠道、编制总促销预算、管理和协调整合营销传播。

（5）广告投放管理：即开发和管理广告计划，包括确定广告目标、广告预算决策、广告信息选择、媒体决策、评价广告效果。

（6）销售团队管理：包括销售队伍的设计（包括销售队伍目标、销售队伍战略、销售队伍结构、销售队伍规模、销售队伍报酬）、销售队伍管理（包括招聘和挑选销售代表、销售代表培训、销售代表的监督、销售代表的激励、销售代表的评价）。

案例链接

ANLAN 品牌的营销之路

ANLAN 品牌成立于 2014 年，是深圳市港基电技术有限公司旗下一个集产品设计、研发、生产、销售、品牌运营为一体的家电仪器品牌，成立以来一直致力为全球用户提供"安全有效"的健康美容产品。2018 年年底进入日本市场，仅用短短两年多时间，ANLAN 美容仪（如图 7-1-1 所示）的市场地位就攀升到日本电商销量第一的位置，凭借的就是精准的产品定位——"高端品质，亲民价格"，主打品质和价格双优势，另外在运营过程中注重品牌营销，带动了国货品牌在海外的流行。

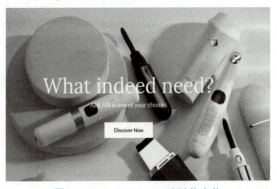

图 7-1-1　ANLAN 系列美容仪

ANLAN 重视产品研发前的用户洞察，深入了解消费者所关注的肌肤问题和相对应的产品功效，再深挖效果的各方作用力，并对效果层次做分级，最后 ANLAN 技术实验室从技术研发层面去探索对最佳效果的落地，并完成符合日本市场标准的苛刻质检。ANLAN 能保证最优出品在于始终采用国际市场最高标准对产品研发和品质保证进行管理。

首先，ANLAN 始终全流程贯彻以人为本的用户思维，死守产品品质塑造。最初，在日本电商平台，ANLAN 平均获得消费者的三星好评。不同于一些电商用返利来吸引消费者打五星的做法，ANLAN 的客服通过真诚沟通以及后来采用的全检模式来获得消费者的真实反馈。在日本消费者眼中，ANLAN 就是本土品牌，他们在亚马逊、乐天等平台给 ANLAN 很多好评。其次，主抓精细化用户导向的工程技术自主研发 ODM 产品模式。"OEM + 大规模铺货"在日本行不通，ANLAN 和日本本土行业标杆性制造商进行 ODM 战略合作，通过他们的核心技术、产品设计和专业生产加工保障 ANLAN 的品质口碑。再次，高度重视团队打造，对团队员工实施高愿景、高激励、高福利，并给予充分的尊重和人文关爱。最后，保持良好的创业心态。前期要守得住寂寞，而后期要抵得住诱惑。初入日本市场并没有快速起量，ANLAN 坚信日本市场的战略地位无可替代，用慢的理念做好耕耘。

日本是 ANLAN 的核心市场，今年会在日本实现全面品牌化，开设 ANLAN 的日本 DTC，进驻日本的主流电视购物网络，从日本电商销量第一升级为日本全渠道第一。另外，法国是 ANLAN 的重要阵地，ANLAN 有幸成为速卖通第一的美容仪品牌，法国亚马逊也是 ANLAN 在欧洲区表现出色的站点，此外，还将渗透法国本地电商渠道，在法国正快速起量。韩国是 ANLAN 的第三发力点，下一步要拓展韩国 B2B 市场，与 Coupang 平台也已达成合作。

目前，ANLAN 迈入了精品和品牌打造的阶段，重产品、重运营和重资本。跨境电商企业想成功，就要在用户调研、产品开发、营销推广和供应链管理控制等方面用心经营。

分析提示

ANLAN 能在全球各大市场均有不俗成绩，秘器是"单点突破"，先站稳了日本市场。而日本市场也从产品开发、供应链管理、物流配送、营销推广等方面对 ANLAN 进行了全链条和全周期的迭代升级和品牌反哺塑造。

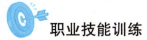

职业技能训练

1. 训练目标

(1) 培养学生品牌营销的思维。
(2) 具备制定品牌营销方案的能力。

2. 训练内容

(1) 结合品牌策划方案的三部分,设计品牌策划方案的思维导图,可以采用 WPS 软件的流程图进行设计,如图 7-1-2 所示。

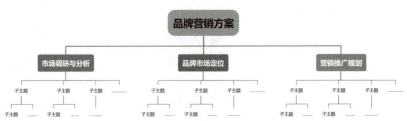

图 7-1-2　制定品牌策划方案的思维导图

(2) 结合品牌营销方案的三部分,制定详细的品牌营销方案。

_____
_____
_____
_____
_____
_____
_____
_____
_____
_____
_____
_____

任务评价

1. 本次任务的技能点评价(如表 7–1–1 所示)

表 7–1–1　本次任务的技能点评价

序号	技能点评价	佐证	达标	未达标
1	品牌策划方案的内容	能够熟练掌握品牌策划方案的三部分内容		
2	制定品牌策划方案	能够为指定品牌制定跨境电子商务品牌策划方案		

2. 本次任务的素质点评价(如表 7–1–2 所示)

表 7–1–2　本次任务的素质点评价

序号	素质点评价	佐证	达标	未达标
1	创新意识	能够挖掘品牌策划的创新点		
2	协作精神	能够和团队成员协商合作,共同完成实训		
3	资源的查找、整合能力	能够进行相关资源的查找和整合		
4	职业道德、法律意识	能够掌握相应的法律法规		
5	严谨的工匠精神	能够对品牌策划案例做出精确分析		
6	自我学习能力	能够灵活运用制定品牌策划方案的相关知识和技能		

任务二　跨境电子商务品牌策划

 **任务描述**

一个品牌应有自己的个性和独一无二的价值。品牌策划是建立与消费者情感互连的一种方式。一个精准的品牌定位和令人信服的品牌故事可以打动和连接消费者的心，能够使消费者形成对品牌价值和内涵的感性和理性的认知与认同。通过本次任务，学习如何制定品牌策划方案。

 **知识嵌入**

品牌策划就是塑造品牌的过程，使企业形象和产品品牌在消费者脑海中形成一种独特的印象，并形成统一的价值观。

一、品牌策划的核心要素

品牌策划包含五个核心要素：品牌名称、品牌受众、品牌标识、品牌信念、品牌故事。

（一）第一个核心要素：品牌名称

一个品牌需要一个名称，品牌名称是品牌与消费者的第一接触点。它是这个品牌独特的名称和专用名词，这是一个品牌个性专属，可以区别于其他同类和竞争者，而且也可以在搜索上占据一个优势地位。

好的品牌名称，要简单、易记、有故事，它可以是一个字，也可以是一组有意义的词组合。比如，香港的一家时尚垂直电子商务网站 lots of buttons.com，品牌名称 LOTS OF BUTTONS 就是一组有意义的词组，也符合联合创始人 Ken Lee 和 Jong LEE 对它的品牌定位——一个全球最大的在线纽扣商店，如图 7－2－1 所示。

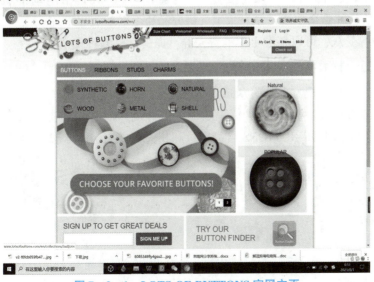

图 7－2－1　LOTS OF BUTTONS 官网主页

2012年6月，LOTS OF BUTTONS正式上线，1.5万种纽扣按照质地划分为"木质""金属""贝壳"等9个类别。每个类别下，客户还可以根据纽扣的大小、形状和颜色等进行进一步的搜索过滤。面向手工艺制作爱好者，LOTS OF BUTTONS想要先让自己变得有创意起来，因此，Ken参考了每一种纽扣的设计风格，给它们分别都起了名字。

比如Tern Bicycles，从名称文字产生美好积极的联想和意念，从听觉上让受众感受品牌认识，如图7-2-2所示。

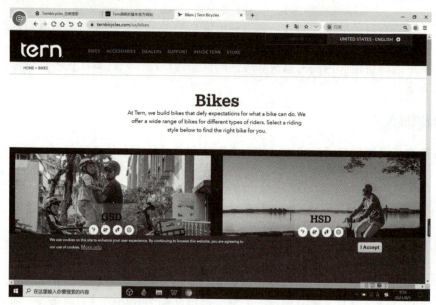

图7-2-2　Tern Bicycles官网主页

（二）第二个核心要素：品牌受众

品牌受众，就是品牌的服务对象。

比如，LOTS OF BUTTONS的品牌受众主要是服装制作者、针线缝纫工作者、设计师等。而Tern Bicycles的品牌受众主要是不主张搭车而喜欢自由运动的城市居民群体。Bam-biBaby的品牌受众主要是家有宝宝又讲究品质生活的父母群体。

清晰的品牌受众，可以精准定位消费人群，提高订单的转化率。

（三）第三个核心要素：品牌标识

品牌标识，可以从视觉上让受众感受品牌特征，加深印象。

LOTS OF BUTTONS网站的品牌标识是一个由针线、裁缝和衣物纽扣等元素较复杂的图像组合，符合LOTS OF BUTTONS自身定位和相关积极正向的联想，如图7-2-3所示。

图7-2-3　LOTS OF BUTTONS的品牌标识

而Tern Bicycles的品牌标识是文字和图形的组合，如图7-2-4所示。

图 7-2-4　Tern Bicycles 的品牌标识

(四) 第四个核心要素：品牌信念

品牌信念，可以是一个理念使命、口号、广告语，还可以是一个定位。

品牌信念通常是简洁、洗练的，同时能明确表达品牌主张的观点和价值观，是用来拉近和说服受众的一种独特的概念。信念可以随着市场和受众不断地产生变化，但始终要符合品牌的核心价值观和准则。希望受众如何看待自己，就要确定信念，信念是用来赢得他人信任或用来与受众快速产生认同和共鸣的东西，比如 LOTS OF BUTTONS 的 "The largest button website in the world"（要做全球最大的在线纽扣商店）。品牌信念，也可以采用风趣幽默的风格，给人留下深刻印象。

例如，Eatingtools 官网首页上的 "The world was my oyster, but I used the wrong fork"，如图 7-2-5 所示。

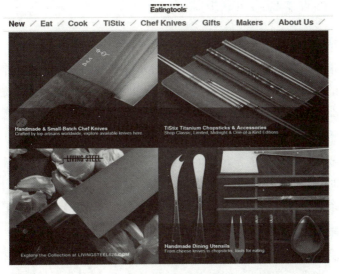

图 7-2-5　Eatingtools 的幽默营销风格

再如，Bambi Baby 的 "We deliver everything BUT the baby"，如图 7-2-6 所示。

(五) 第五个核心要素：品牌故事

为品牌讲一个故事，不管是关于产品、创始人、客户还是其他，只要跟品牌的价值、精神相关都可以，都可能成为受众为品牌进行话题和口碑传播的内容。讲故事的方式，不

图 7-2-6 Bambi Baby 的幽默营销风格

局限于文字、图片、音频、视频，还可以组合起来，以达到最佳效果。

讲故事不只是在讲，更重要的是实践，是品牌为受众、社会创造价值，履行对品牌服务的承诺。

比如，LOTS OF BUTTONS 讲了一个全球在线最低的价格、最大的纽扣商店的故事。LOTS OF BUTTONS 放眼世界，服务全球不同需求的客户对纽扣的要求，1.5 万种纽扣当然不是在 LOTS OF BUTTONS 的仓库里。九龙深水埗的基隆街一带是香港有名的"纽扣街"，一间间陈列得如同糖果店一样的纽扣批发店吸引了不少国际服装采购商光顾。这些纽扣批发店通常是广东纽扣工厂的香港办事处，采购价格比较便宜，所以 LOTS OF BUTTONS 在全球市场上有较大的价格优势。

二、品牌策划的关键步骤

（一）确定品牌定位

任何产品的销售，品牌定位都是第一个关键步骤。品牌定位能够让企业找准发展的方向，从企业自身的情况出发，发挥自己的优势，规避自己的缺点，从而提升品牌的核心价值观，发掘出企业产品的卖点、亮点，品牌定位还能预测品牌未来的发展前景。

（二）确定品牌受众

对品牌受众要做一个清晰的定位，对品牌受众的爱好、性别、经济能力等做一个初步的预估，必要的时候需要深入市场进行多维度的调研，根据调研数据进行品牌定位，从而判断品牌策划方案是否具有可行性，只有理论和实践相结合，定位才能更准确。

（三）做好品牌设计

品牌定位和受众定位确定以后，就要为品牌设计广告宣传语，它能体现出品牌的使命感和核心价值观。在进行品牌设计的时候，首先从 Logo 的形象开始着手设计。

（四）树立品牌信念

树立合适的品牌信念，不仅可以让受众很快了解品牌传递的价值，还可以使其话题化，让受众谈论和口碑相传，助推品牌的传播。

（五）讲好品牌故事

讲一个好的品牌故事，主旨在于向受众传递品牌价值，建立情感上的连接和认同，也获取受众的信任和支持。因此，品牌故事必须是基于客观和真实的，任何品牌故事离开了真实可信都行不通。而故事也不在大小，只要能打动受众的心，引起受众共鸣都是好故事。

以上就是品牌策划的五个步骤，在实际策划过程中需要做深层次的分析，然后结合自身的产品、市场的需求、消费者的需求，制定出一个优秀的品牌策划方案。

依云矿泉水的品牌策划

品牌策划方面，在质量有保证的前提下做好品牌定位和推广非常重要。定位会为你树立一个品牌形象，推广会使你的品牌形象深入人心。

依云矿泉水（如图7-2-7所示）走的是高端、天然路线。高端，是价格定位高于普通矿泉水；天然，是因为它为品牌做了一个差异化策略——阿尔卑斯雪山融水，饮用依云，就像饮用天然、纯净、营养。因此，有产品优势和价格与竞争对手不同，这个定位无疑使它变得独特了。

图7-2-7 依云矿泉水

虽然品牌定位做好了，但是徒有定位是不行的，依云开始了品牌定位的深化。

他们对自身的产品质量做了更好的保护。建立水源地保护管理协会，生产线是完全现代化的，从瓶子生产到装水再到成箱包装一气呵成，有铁路直通工厂，装车后直接运往龙头各地。中间不会有人工的参与，保证依云矿泉水的天然和纯净。

1902年依云镇成立了专门的依云水治疗中心，并在1984年改建为SPA即依云水平衡中心。水平衡中心的成立及效果又为依云增添了一份神秘，这份神秘和神奇吸引了越来越多的慕名者。

而在品牌推广方面，依云更是亮点频出。

在消费者面前，一味去宣传水源和矿物含量高似乎并没有什么用，因为他们不是营养专家也不是地质学家，农夫山泉和昆仑山水各自对人体的作用影响如何他们也并不清楚。因此，能够体现出消费者与众不同的生活品位，把他们在精神层面的需求激发出来，成为依云品牌推广的方向。

依云频频与社会名流接触，诸如一些重要场合，比如八国峰会、国内奥委会等，依云矿泉水成为指定饮品。这种独特的价值分享带给消费者独特的体验，也将依云的品牌价值准确地传递出去。

依云将其品牌与文化、时尚、艺术结合起来，既不会让依云高端形象受损，又能调动消费者的购买欲。它抓住"年轻"这个方向，做广告推广，引人侧目，使人印象深刻。当然，它所倡导的年轻不仅仅指年龄，更是一种心态与个性表达。活出年轻的内涵包括了机体感官和精神层面的追求，以活力、健康的姿态享受每一天。

按照这一套品牌策划方案推广下来，依云高端、天然、年轻的定位已经深入人心，正如依云大中华区总监孙威强说的，"依云不仅仅是一瓶瓶矿泉水，而是一个概念，一种生活方式。"

（资料来源：知乎。https：//www.zhihu.com/question/278431341/answer/864858888）

 分析提示

品牌策划是企业品牌进入市场前做的关键性的战略准备，正确的策划方案能够带领品牌快速成长，对于企业的可持续发展也具有重要意义。

📖 **笔记区**

职业技能训练

1. 训练目标

(1) 培养学生塑造品牌的意识。

(2) 培养学生品牌策划的能力。

2. 训练内容

(1) 列举中国跨境电商出海品牌的案例并分析其五要素。

(2) 为各组产品制作品牌策划方案。

任务评价

1. 本次任务的技能点评价（如表7–2–1所示）

表7–2–1 本次任务的技能点评价

序号	技能点评价	佐证	达标	未达标
1	品牌策划的核心要素	能够熟练掌握品牌策划的五个核心要素		
2	品牌策划的关键步骤	能够熟练掌握品牌策划的五个关键步骤		
3	品牌策划案例分析	能够对品牌策划案例进行详细分析		

2. 本次任务的素质点评价（如表7–2–2所示）

表7–2–2 本次任务的素质点评价

序号	素质点评价	佐证	达标	未达标
1	创新意识	能够挖掘品牌策划的创新点		
2	协作精神	能够和团队成员协商合作，共同完成实训		
3	资源的查找、整合能力	能够进行相关资源的查找和整合		
4	职业道德、法律意识	能够掌握相应的法律法规		
5	严谨的工匠精神	能够对品牌策划案例做出精确分析		
6	自我学习能力	能够灵活运用品牌策划的相关知识和技能		

商标权国际保护的特点

目前,从立法情况来看,国内法对外国商标的保护,一般依照双方签订的协议或双方共同参加的国际公约处理。虽然保护商标的一系列国际组织的建立,并未实现创设给予商标以统一保护的国际机构,从而在更大限度上消除商标权地域性的目标,但是,商标权国际保护的水平已随着世界贸易组织《TRIPS协议》的生效有了很大提高。当然,目前的商标权国际保护制度也有一系列值得重视的特点。

《保护工业产权巴黎公约》(简称《巴黎公约》)和世界贸易组织《TRIPS协议》统一了绝大多数国家商标法中实体条文中的主要原则。商标国际注册程序方面的条约有《商标国际注册马德里协定》《商标注册条约》等。同时,为实施商标注册形成的有关建立商标国际分类方法的技术性条约则有《商标注册商品与服务项目国际分类协定》(简称《尼斯协定》)和《商标图形国际分类协定》(简称《维也纳协定》)等。这就为商标权国际保护提供了更为完备的国际法律体系。世界贸易组织《TRIPS协议》第2条第1款专门提到《巴黎公约》第19条,并把它与协议前4部分相结合,从而使世界知识产权组织管理的绝大多数工业产权公约(《保护植物新品种国际公约》除外)在协议中具有了效力。因此,世界贸易组织《TRIPS协议》包括了世界知识产权组织管理的所有与商标权保护有关的国际公约。此外,世界贸易组织《TRIPS协议》后3部分建立了新的知识产权执法体系,并提供了国际间知识产权争端解决方式。因此,以该协议为核心,新的商标权保护体系更趋于完善。

原有知识产权公约,如《巴黎公约》《伯尔尼公约》等,都缺乏有效的争端解决机制,成员国之间发生侵权纠纷或其他争端时,只能先谈判,谈判破裂后再向国际法院提起诉讼。而一旦某一成员国在加入以上公约时已对接受国际法院司法管辖条款声明保留,则国际法院根本无权处理侵权纠纷。世界贸易组织《TRIPS协议》生效后,成员就侵权纠纷或其他争端不能协商解决的,可提交成员大会裁决。成员大会还可能通过与贸易有关的知识产权理事会授权一个或一个以上成员,停止对某成员应承担的义务,从而解决侵权纠纷或其他争端。虽然国际法院解决结果有一定的权威性,但它对缔约国缺乏约束力。而世界贸易组织《TRIPS协议》的争端解决机制则直接触及受管辖成员的经济利益,并能产生明显效果。因此,以后的知识产权争端将更趋向于适用新的机制。

世界贸易组织《TRIPS协议》第68条述及与贸易有关的知识产权理事会通过与世界知识产权组织的协商,应在其第一次会后一年内,寻求建立与该组织机构的合作。而早在1993年4月,世界知识产权组织受关贸总协定知识产权协议的影响,在日内瓦召开了巴黎联盟、伯尔尼联盟等联盟的成员国专家会议,讨论引入新的解决争端机制问题。

但是不管怎样,商标权等知识产权争端的解决,将更多适用世界贸易组织《TRIPS协议》中的新机制,这是新的趋势,相关国际组织间的权能变迁也就不可避免了。

这一特点主要表现在以下五个方面：

第一，知识产权与国际贸易相结合，并引进了关贸总协定的争端解决机制，这将大力推动各国加强商标权的国际保护。如前所述，原有知识产权公约缺乏强有力的执行机构来协调国内法与公约的冲突。即使在国际法院，高昂的诉讼费和复杂的诉讼程序往往令当事人望而却步，最主要的是国际法院缺乏对争端解决的约束力。因此，在旧的国际知识产权保护体系下，侵权争端一般不能得到公正有效的解决。

世界贸易组织《TRIPS 协议》生效后，各国特别是广大发展中国家将全力完善知识产权立法和执法制度，以避免因侵犯知识产权而遭到贸易伙伴的制裁。新的知识产权保护体系虽主要是因美国为维护本国利益而推动建立的，但确实大大提高了知识产权国际保护水平。另外，世界贸易组织《TRIPS 协议》的签订促使各国大规模完善知识产权立法与执法制度，这将是前所未有的各国国内法律协调活动。在这一过程中，商标权的国际保护水平自然也会大大提高。

第二，商标保护范围、商标权利内容在世界贸易组织《TRIPS 协议》中有所扩展。原有商标保护条约由于订立时间较早，且修订时间长，不能适应迅速变化的国际贸易环境和商业经济往来。因此，最新制定的世界贸易组织《TRIPS 协议》就能对某些内容作更充分、更明确的规定。

例如，《巴黎公约》1967 年文本尚未规定一定要给服务商标以注册保护，其第 6 条的 2、3 款内容涉及驰名商标注册方面的特殊保护，但该 3 款内容没有涉及服务商标，而仅包括驰名的商品商标。现在，按照世界贸易组织《知识产权协议》第 16 条第 2 款，驰名的服务商标原则上也适用以上《巴黎公约》的 3 款内容了。

协议还规定注册商标保护期不少于 7 年。一方面，对商标的共同使用和强制许可，协议都明确予以禁止；另一方面，协议对商标转让与许可的内容作了一系列规范。这一系列内容较之原有商标国际条约的规定不但更有扩展，而且更符合商标保护的现代要求。

第三，世界贸易组织《TRIPS 协议》规定了详细的知识产权法律实施程序，包括行政、民事、刑事以及边境和临时程序。而有关的其他国际公约中，实施程序完全由各国国内法规定。在实施程序中如果妨碍知识产权保护而发生争端，同样会招致贸易制裁。这样，包括商标权在内的知识产权获得了更有效和更全面的保护。

第四，世界贸易组织《TRIPS 协议》扩大了商标权国际保护的地域范围。所有与商标有关的国际公约中，世界贸易组织知识产权协议拥有更多的成员。协议成员全是不同的其他商标国际条约的缔约方，但它们又都被世界贸易组织《TRIPS 协议》所约束，因此商标权保护得到了前所未有的国际合作。

第五，新的商标权国际保护制度更有利于发达国家。美国等少数发达国家在关贸总协定"东京回合"和"乌拉圭回合"谈判中，两度努力把知识产权引入国际贸易领域，并最终促成关贸总协定知识产权协议的签订，其主要目的就是维护本国的知识产权。发展中国家在世界知识产权贸易中所占的份额较小，它们一般也不会使用关贸总协定中知识产权的争端解决条款去制裁发达国家；而相反的情况则会经常出现。只要广大发展中国家大力发展本国经济，繁荣本国经济文化事业，更多地输出知识产权，就能从新的知识产权保护体系中获得利益。例如，在商标权方面，只要我国不断推出新产品，并大量申请国际注册商标，从而努力开拓国际市场，就能从新的商标权保护体系中获得更大利益。总之，商标权国际保护水平有了很大提高，各国打击国际商标侵权的活动会随着世界贸易组织《TRIPS 协议》的实行而全面展开。

（来源：企红网。http：//m. tmhong. com/main/article/16065）

笔记区

项目八　跨境电子商务全网营销与全渠道营销

【知识目标】
(1) 理解全网营销的概念和优势。
(2) 理解全渠道营销的概念和意义。
(3) 掌握全网营销、全渠道营销的策划步骤及管理要点。

【能力目标】
(1) 具备使用全网营销的各个营销手段进行网络营销的能力。
(2) 具备策划全网营销方案、全渠道营销方案的能力。
(3) 具备整合和合理分配全渠道线上、线下资源的能力。

【素质目标】
(1) 通过全网营销和全渠道营销培养学生全局思维。
(2) 保持终身学习的心态，利用互联网不断学习新知识、新技术，具有创新意识。
(3) 具备团队合作精神和应变能力。

思维导图

项目八 跨境电子商务全网营销与全渠道营销
- 任务一 跨境电子商务全网营销
- 任务二 跨境电子商务全渠道营销

拥有"10万+"网红、"1500万+"粉丝的快时尚品牌

谷歌和WPP、凯度连续四年推出了Brand™中国全球化品牌50强榜单,ZAFUL作为线上快时尚品牌的代表已经连续多年榜上有名。ZAFUL到底是谁?它又是如何做到的?

ZAFUL是深圳环球易购旗下自营的服装类品牌,于2014年上线,主打欧美市场,在2020年BrandZ发布的中国出海品牌50强中位列38名,在中国快时尚出海品牌中排第二,仅次于SHEIN。

ZAFUL在流量和品牌营销策略上,基本代表了目前跨境电商最流行的趋势。

ZAFUL积累来"1500万+"社交渠道粉丝,在站内建立了Z-Me社群,社区活跃用户超过80万,热门帖超过86万。例如今年最火的TikTok,ZAFUL也积累了超过26万粉丝、280万赞了。通过持续的内容发布,ZAFUL形成了一个巨大的品牌私域流量池。

ZAFUL目前合作的全球网红数量,已经超过10万人! 这种巨大的积累和持续的投入,保障了ZAFUL品牌的长远发展。

在广告流量上,环球易购一直在系统端有持续投入,目前ZAFUL实现了广告的自动化投放,能自动根据预期的广告效果进行差异化自动投放评估以及精准投放,达到不依赖单一广告渠道的效果,使公司的流量结构更健康。

流量基础如此稳固,ZAFUL陆续新增运动服装、男装、美妆等品类,大幅拓宽产品线,还持续做产品创新。ZAFUL正和迪士尼、NASA等知名IP合作,例如蜘蛛侠联名款,在2020年6月上线,受到粉丝热烈追捧。

除此以外,ZAFUL还开展了20个国家站的本地化运营,针对不同市场区域,开展系列线下体验式品牌活动。

有了"10万+"网红加持、"1500万+"粉丝级别的私域流量,ZAFUL在全球的品牌知名度越来越高。在欧美审美主导的世界,现在终于有了一个又一个的中国大牌!

(资料来源:雨果跨境。www.cifnews.com/article/76432)

分析提示

ZAFUL 的全渠道营销策略是目前快时尚品牌出海的大趋势，线上社交媒体、直播、网红等营销方式建立私域流量，线下利用各种活动和时装秀进行品牌宣传，在品牌传播上注意营销手段的多样性，助力品牌整体提升。企业若是想在当前复杂的商业环境中取胜，仅仅依靠一种营销方式是不够的，想要做好跨境电子商务的营销，需要整合各种互联网中可用的营销方式，结合线上和线下的资源，提升营销综合效率，获取最大的效益。

任务一　跨境电子商务全网营销

 **任务描述**

经过前期多种营销方式的尝试，小王的业绩有所改善了。但单一的营销方式效果有限，为了更好地提升业绩，小王想要尝试一下组合使用各种网络营销工具。那么全网营销是怎样开展呢？卖家该如何根据自身情况选择合适的全网营销策略呢？通过本次任务，学习全网营销的概念和策略。

 **知识嵌入**

 一、全网营销概述

（一）全网营销的概念

全网营销，是全网整合营销的简称，指将产品规划、产品开发、网站建设、网站运营、品牌推广、产品分销等一系列电子商务内容集成于一体的新型营销模式，是集传统网络、移动互联网、PC 互联网为一体进行营销。全网营销不仅仅是营销方式的多样化，也是各种营销方式的有效整合和组合。

营销并不是孤立的，之前我们讲述的各种跨境电子商务的营销工具都各有其优劣势，单靠一种营销方式实现推广目标较为困难，需要同时运用多种工具一同推广，实现"1＋1＞2"的效果。实施全网营销就是希望在目标用户上网的整个过程，都能覆盖品牌的营销信息，全方位地在不同的阶段、层面对目标用户施加影响，从而使得用户在选择产品或服务的时候对品牌有更大的倾向性。现在用户上网的时间呈现碎片化的特点，只有将信息不停地在不同的时间、地点、平台上不断展现，用户才会加深对品牌的印象，记住品牌所传达的价值信息。

目前，大部分跨境电子商务的品牌卖家都在实施全网营销，同时使用多种营销推广方式。例如跨境电子商务知名女装品牌 ZAFUL，主要面向欧美市场，通过"自营独立站＋

入驻第三方平台"的模式开展跨境 B2C 业务。同时，ZAFUL 使用 Facebook、Instagram、YouTube 等多种社交媒体进行产品营销，如图 8-1-1 所示。

图 8-1-1　ZAFUL 使用社交媒体进行产品营销

（二）全网营销的覆盖范围

全网营销的覆盖范围较广，各个推广平台、企业网站以及用户平时用的社交媒体都会在产品推广中产生潜移默化的作用。总的来看，跨境电子商务常用的营销方式有官方网站和第三方平台推广、搜索引擎营销（搜索引擎优化、竞价排名、网站广告等）、社交媒体营销（TikTok、Facebook、YouTube、Instagram、Pinterest、Twitter 等）、网红营销、Email 营销、论坛营销等多种方式。

1. 官方网站

官方网站是展示产品、宣传品牌形象最直接的方式。企业可以通过官方网站把产品的信息展现到世界各地，快捷有效，成本又低。而网站可以用多种形式进行展示，将企业的众多产品一一呈现到用户眼前，包括产品的具体信息及报价，使用户对产品有充分的了解。当然，这里的企业网站是指外文网站，是根据目标市场国家的语言设计的网站，因为大部分海外消费者习惯以自己的母语来搜索信息。有一定实力的企业还可以建立独立站，既能积累品牌，还可以获取 100% 的用户数据。上面我们提到的 ZAFUL，就建立了自己的自营独立站，如图 8-1-2 所示。

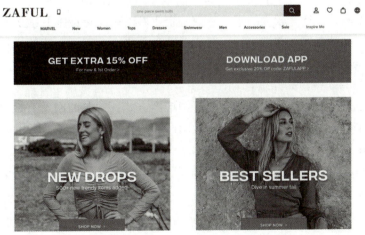

图 8-1-2　ZAFUL 的官方网站

2. B2B/B2C 第三方交易平台

目前，很多跨境电子商务卖家主要还是通过第三方平台来进行产品销售，在进行营销推广时也可以配合平台进行。常用的 B2B 平台如阿里巴巴国际站、中国制造网等，B2C 平台有亚马逊、速卖通、eBay 等。通过第三方平台可以直接向用户展示产品，还可以利用平台带来的巨大流量。我们还是以 ZAFUL 为例，它在亚马逊、速卖通等平台都有店铺，销量也不少，图 8-1-3 就是其在速卖通平台上的销售店铺。

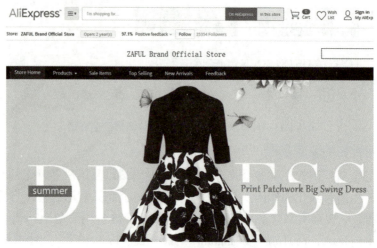

图 8-1-3　ZAFUL 的速卖通店铺

3. 搜索引擎营销

想要进行全网营销，搜索引擎营销是非常重要的一部分，它是很多企业获取用户的主要途径。尤其是 Google，海外用户寻找产品以及供应商时常常首先选用的就是它。进行搜索引擎营销包含几个方面，搜索引擎优化可以运用技术手段免费提升网站的流量效果，而关键词竞价排名和付费广告则是通过付费的方式快速带来流量。

4. 社交媒体营销

随着社交媒体在人们生活中的普及，运用社交媒体进行营销推广的企业也逐渐增多。社交媒体营销常常可以精准定位目标用户，同时具有互动性，能够拉近与用户的距离，形成良好的企业品牌形象。其中 Facebook 是目前全球用户数量最多的社交网站，Twitter 则是全球最大的微博网站，均有较大的用户基数。企业可以在社交媒体中建立主页，发布一些行业、公司、产品动态等，并链接到官网或者平台页面上，起到引流的作用。图 8-1-4 为 ZAFUL 的 Facebook 主页，目前其在 Facebook 上有 800 多万粉丝，通过 Facebook 平台 ZAFUL 定期会发布一些新品介绍。

视频分享也是社交媒体营销的重要的营销推广方式，主要的网站有视频网站 YouTube 和短视频平台 TikTok。通过视频方式可以展示产品的亮点和卖点，吸引用户的兴趣。还可以把产品链接贴在视频描述里，感兴趣的用户可以直接单击链接进入产品页实现购买转化。例如 ZAFUL 也利用 YouTube 进行营销推广，如图 8-1-5 所示，通过视频的形式介绍产品以及产品使用方式。

项目八　跨境电子商务全网营销与全渠道营销

图 8–1–4　ZAFUL 的 Facebook 主页

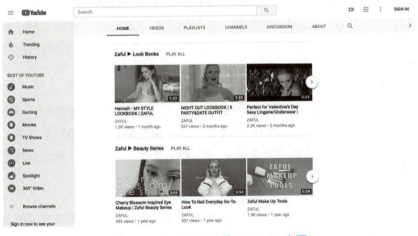

图 8–1–5　ZAFUL 的 YouTube 主页

除了针对特定关键词以图片的形式在搜索引擎推广，将产品的图片直观地推送给用户，以涵盖图片搜索用户，来提升品牌形象，提高企业信息展示量，给企业带来商业机会。还可以使用 Instagram、Pinterest 等图片分享软件，以图片来展示产品，吸引用户通过相关链接跳转进行购买。

5. 网红营销

网红营销就是以品牌与网红合作的形式达到营销目标，其中利用网红自身的影响力和知名度，协助推广品牌或销售产品。例如 ZAFUL 就拥有近 10 万网红，其中头部网红占比 20%，资源集中于美国、西班牙、意大利等，利用网红给 ZAFUL 带来性价比更高的流量和更广泛的品牌效应。

6. Email 营销

Email 是跨境电子商务卖家和国外买家进行沟通交流的重要工具。通过 Email，卖家能够有针对性地进行精准营销，根据企业积累的用户信息，可以为用户推荐感兴趣的产品。

· 213 ·

Email 营销直接快捷，能够与买家进行一对一沟通，覆盖范围广，成本又低，因此也是跨境电子商务卖家经常采用的营销方式之一。

7. 论坛营销

企业可以利用论坛这类平台，通过文字、图片、视频等方式发布企业的产品和服务的信息，从而让目标用户更加深刻地了解企业的产品和服务，最终达到企业宣传品牌、加深市场认知度的目的。尤其是行业论坛，关注这类论坛的用户大都对相关产品有需求或者感兴趣，有针对性地对这类用户进行营销，会有较好的效果。

（三）全网营销的优势

1. 精准营销降低宣传成本

通过全网营销，使用多种营销方式，可以从不同渠道收集目标用户的信息，根据大数据进行分析，针对目标用户进行精准营销。例如利用社交网站的数据，可以筛选出适合企业产品的目标用户，针对这些用户可以使用 Email 营销，使得产品推广更加有针对性。精准营销不同于广撒网似的广告投放，大大缩减了宣传成本。

2. 有利于品牌宣传和提高知名度

运用网络的力量，使用多种营销方式，可以扩大品牌宣传的受众，让更多的用户了解该品牌，提高产品知名度。通过全网营销，潜在用户可以通过多个渠道了解企业和产品的信息，对于产品的信任程度会大大提高。尤其像社交网络营销，利用网络发送些日常信息，会在不知不觉间影响到用户的购物决策。

3. 有利于占领更多的市场资源

网络的传播速度非常快，通过各种网络营销方式，企业可以快速进行产品宣传，占领更多的市场资源。通过视频、图片的广泛传播以及搜索引擎的优化，日积月累，能够增加产品的曝光率。用户在网络上搜索关键词，能够搜索到产品信息，有利于在用户心中树立良好的品牌形象，逐渐提升市场份额。

4. 增强用户关系的黏性，强化用户消费的黏性

通过全网营销，用户有多种方式可以实现与卖家的沟通，通过网络之间的互动，能够拉近用户与卖家之间的距离，增加用户关系的黏性。全网营销可以更好地收到用户的反馈，用户可以在多个平台分享自己的产品体验，有利于卖家收集反馈信息，针对用户提出的问题加以改进，强化用户消费的黏性。在 ZAFUL 的官方网站中就有一个买家展示产品的板块 Z–Me，如图 8–1–6 所示，在这里买家能够分享自己的产品使用心得，卖家能够直接接触用户，获取用户反馈，更好地优化产品。

二、全网营销案例

说起跨境电子商务独立站，你可能听过兰亭集势、棒谷、傲基等富有名气的大站，那你有没有听过 DX（DealeXtreme）呢？

DX 以 3C 电子产品为主打，销售电脑、手机、数码产品、玩具、家具、服饰、汽车配件等各类产品 15 大类近 14 万种产品。在竞争激烈的跨境电子商务市场中，DX 也采取了多种营销方式，通过全网营销策略布局海外推广。DX 业务体系包括 DX.com 主站、VR 分站，并通过博客、论坛、Facebook、YouTube、Google 链接等多种宣传渠道，紧密与用户沟通交流。

图 8-1-6 ZAFUL 买家分享产品体验

我们具体来看一下它的流量分布情况。从图 8-1-7 我们可以看到,流量最大的两个渠道是直接访问(37.40%)和自然搜索(20.98%),可见 DX 已经是口碑站,凭借自身的名气和不错的 SEO 工作就能带来近六成的流量。紧随其后的是推荐(14.60%)和付费搜索(13.35%),高于社交(5.49%)和展示广告(3.99%),看来比起当下火热的社交和展示广告,DX 更偏向于做精准推荐引流和 SEM。

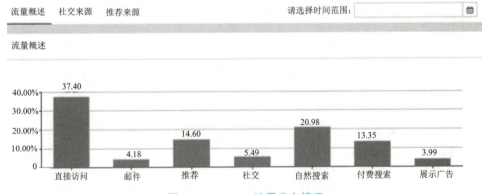

图 8-1-7 DX 流量分布情况

通过长期的品牌宣传,DX 已积累了较好的口碑,直接访问 DX 官网的流量是最多的,说明在 DX 的全网营销中,其官网起到了非常重要的作用,能够非常好地展示产品和推广品牌。还有一大部分流量来自自然搜索和付费搜索,可见 DX 的搜索引擎营销也是较为成功的,能够将流量引入官网。自然搜索体现了 DX 在网站搜索引擎优化中的成效,尤其是来自 Google 的搜索情况;付费流量则体现了 DX 在竞价排名、购买关键词等付费营销手段的流量效果。此外,DX 对 Google 图片自然搜索也做了引流,全方面覆盖用户的搜索路径。

而 DX 最为著名的还是他们的论坛营销,让很多同行惊叹。DX 网站有一个自己的论坛,上面聚集了大批早年追随 DX 创始人的买家,并且不停地依靠口碑拉来新客户。DX 还通过与大量论坛合作把网站的产品信息推向各个区域市场,各种打折优惠信息在论坛里面曝光,而且针对不同的产品找不同的论坛来推广，效果非常明显。

还有 14.6% 的流量来源于推荐渠道，如图 8-1-8 所示，主要是电子产品资讯站、DIY 分享站等渠道，这些网站大多涉及 3C 类产品，与 DX 经营的产品相符合，浏览此类网站的用户大多对此类产品感兴趣或者有商品需求。DX 通过在用户群集中的站投放对应产品的链接，吸引感兴趣的用户进行点击，从而实现精准营销。

序号	URL	类别	世界排名	流量占比	环比上月
1	afftracking.net	-	-	13.01%	↓ -0.31%
2	tudovemdachina.com	-	-	4.80%	↑ 1.49%
3	instructables.com	-	903	4.22%	↑ 0.66%
4	infotechnology.com	-	-	2.27%	↑ 2.14%
5	dealextreme.com.br	-	-	1.72%	↑ 1.10%
6	promotheus.blogcu.com	-	-	1.64%	↑ 0.55%
7	ecs-mx.kelkoo.mx	-	-	1.57%	↑ 0.41%
8	ouo.io	-	739	1.55%	↑ 1.52%
9	saiuparaentrega.com	-	-	1.43%	↓ -1.06%

图 8-1-8　DX 的推荐来源

就 DX 的社交媒体营销渠道来看，社交媒体的流量并不是很多，占比为 5.49%。从图 8-1-9 可以看出，流量来源最多的两个网站是 Facebook 和 YouTube，这与其他企业在社交媒体营销中采取的策略一致。Facebook 可以带来互动式的产品推广，而 YouTube 则是以视频分享的形式吸引用户的注意。

序号	推荐社交页面	流量份额	环比上月
1	facebook.com	45.80%	↑ 2.52%
2	youtube.com/watch	26.17%	↓ -4.50%
3	youtube.com	3.01%	↑ 0.11%
4	l.facebook.com/l.php	2.79%	↓ -0.41%
5	web.whatsapp.com	1.90%	↑ 0.54%
6	youtube.com/feed/subscriptions	1.43%	↑ 0.54%
7	facebook.com/home.php	0.50%	↑ 0.40%
8	vk.com/feed	0.46%	↓ -0.04%
9	facebook.com/groups/150458585497887	0.40%	↑ 0.25%

图 8-1-9　DX 的社交来源

除了上面提到的这些营销方式，DX 的流量还来自各种广告展示、Email 营销等多种营销方式。

DX 在进行跨境营销时其实就是采取了全网营销的策略，运用多种营销方式，包括自建站、搜索引擎营销、社交媒体营销以及论坛营销等。从营销效果来看 DX 的全网营销还是比较成功的，网站的访问量较大，近三个月的月均访问量为 1439.4 万，日均大约 48 万，访问量在世界排名 4629，在巴西排名 997（域名属于巴西），整体表现较好。

上面数据显示有 37.4% 的用户是直接访问其网站的，能够看出 DX 在多年海外推广中已经积累了良好的口碑，用户想要购买 3C 产品的话会主动来到 DX 寻找需要的产品，而自然搜索量高则体现出 DX 在搜索引擎优化上效果较好。在进行全网营销时，很多中小型企业由于实力有限无法建立独立站，但是也要尽量建立自己的官方网站，无论是 SEM 还是推荐广告，都要将流量引入自家网站，留住用户。

然而在 DX 的流量统计中我们看到，来自社交媒体的流量占比较低，目前，社交媒体在人们生活中的作用越来越大，能够带来的流量也越来越多，DX 在保持原有的搜索流量的同时，也需要注意增加其他渠道的流量引入。

（资料来源：雨果网）

 三、 全网营销策划

（一）设定营销目标

在进行全网营销策划时，首先要考虑的就是此次营销活动的目标是什么。通常是制定一个计划时期内通过营销活动所能够达到的目标，例如实施全网营销后对于销售额、利润额、市场占有率、投资收益率等指标的改善情况。营销活动的目标需要根据企业的目标进行设定。如果企业处于初创期，需要获取新客户，开拓市场，那么设定营销目标时应更多地考虑市场占有率、品牌推广情况等。如果企业处于成熟期，那么营销目标应更多地考虑对于销售额、利润额的提升。

（二）分析营销环境

明确营销目标之后，就需要对当前的宏微观环境进行相应的分析，了解当前的市场背景和竞争情况。宏观环境主要是了解目标国家的政治、经济、文化、技术等多方面情况，例如该国政局是否稳定、经济发展情况如何、当地消费者的购买能力如何、当地的风俗文化等。微观环境需要了解同行业内的竞争情况如何，同样是做跨境电子商务，目标市场的竞争对手有多少，目标市场的容量多大，还包括行业内网络营销的支撑环境如何、目标用户的上网情况、使用互联网工具的程度以及行业内主要关键词的搜索热度。企业还可以进行 SWOT 分析（优势 Strengths、劣势 Weaknesses、机会 Opportunities、威胁 Threats），了解自己的优势和产品的卖点。

（三）确定目标市场、目标产品、目标用户

根据之前所搜集的信息以及分析结果，确定此次营销活动的目标市场、目标产品以及目标用户，营销活动的具体展开都需要围绕着这些定位。目前跨境电子商务的市场竞争也越来越激烈，价格战、同质化现象严重。确定具体的目标市场，而不是哪个市场都做，既能够集中多种营销方式去推广，提高效率，也给用户一种专业的感觉。在确定好产品定位后，找到需要营销产品的卖点，更好地进行营销内容的设计。用户定位是确定要把产品卖给什么类型的用户，年龄段不同、学习工作情况不同的用户喜好不同，使用网络工具的程度也不同。平台的搭建、网站内容的设计以及网络广告的投放都是需要根据用户的特点来设计的。

（四）营销方案的设计与实施

在确定了营销目标和目标市场、目标产品和目标用户之后，接下来就需要围绕企业的实际情况进行营销策划方案的设计和实施。全网营销并不是指在营销过程中所有的营销方

式全部使用，而是在企业不同的发展阶段采用不同的组合方式。

例如，在获取新用户阶段，营销主要为了吸引用户、扩大市场，在这个阶段可以采用"搜索引擎营销+社交媒体营销"的方式，如表8-1-1所示。

表8-1-1　获取新用户阶段可采用的营销方式

发展阶段	营销方式	
	方式1：搜索引擎营销	方式2：社交媒体营销
获取新用户阶段	搜索引擎优化主要优化搜索引擎的自动排名，因为其没有广告的字眼，所以用户更加愿意信赖。通过对其优化，能够更直接地达到营销目的	采用视频、图片等方式，对于品牌的塑造极为有利。网络媒体传播速度快，面对的用户群体广，视频、图片使产品更加生动，能吸引用户

当企业在吸引用户及成交后，更加注重的则是用户的二次营销、二次购买，因为老用户能为企业带来源源不断的利润。因此，在此阶段可以采用"Email营销+社交媒体营销"的方式，如表8-1-2所示。

表8-1-2　二次营销阶段可采用的营销方式

发展阶段	营销方式	
	方式1：Email营销	方式2：社交媒体营销
二次营销阶段	根据用户的属性对用户进行分类，定期进行Email营销。通过定期的会员关怀、定期的广告刺激，可有效地激活沉睡用户，延长用户生命周期	社交媒体营销是个长期的过程，通过不断与用户之间的互动能够使其逐渐建立起对品牌的信任。同时，社交网站能够获取用户的信息，通过对这些数据的分析分类，企业也可以进行较为精准的广告投放

（五）评估绩效

营销活动是否能够带来效果的提升需要通过反馈结果来评估。根据最开始制定的营销目标，观察营销活动是否带动了访问量、销售量、品牌认知度、粉丝数等效果的提升。

投资回报率（ROI）是评估营销效果时常用的指标。它是根据营销产生的价值和投入的比值来判断营销的效果。

$$投资回报率 = 年利润或年均利润/投资总额 \times 100\%$$

通过计算ROI的比值可以直观评估投入带来的回报。对比营销活动实施的不同时间段，可以判断效果是否达成。当然，有些营销方式（例如搜索引擎优化）带来的效果并不直接体现出来，它是一个不断积累的过程，因此在指标的体现中可能会有些滞后。

全网营销整合了多种营销方式，而不同的营销方式也有其自身的考核指标。在实施营销活动之后还需要定期观察各种营销方式所带来的效果变化情况。如果使用其中的某种方式效果不佳，就应该及时进行调整。

想要对营销效果进行精准评估，就需要将整体和个体评估配合起来使用。活动进行中主要通过比较法来判断实时的效果变化，及时调整策略；在中期和后期及时计算 ROI，并不断调整各种投入的比例，达到资源的优化配置；活动最后则要总览一下最后的投资回报数据，直观地评估营销效果。

如何评估多渠道的整体营销效果？

营销人员通常会估测广告活动和销售渠道的效果。对于 Email 营销，关键指标可能是邮件打开率、点击率、取消订阅量和销售额；对于 PPC 广告（按点击付费），关键指标可能是每次点击成本和每次转化成本。

但如何全面衡量营销效果？如何比较渠道表现，比如 Email 营销、PPC 广告、社交媒体呢？

一种方法是创建一个复杂的归因模型，这种模型会将每笔交易的成因分配到客户在购买过程中接触到的各种营销渠道中。这是最准确的模型，不过并非所有的企业都有配套的员工或技术能力。同样，如果有人在社交网站 Pinterest 上看到你的产品图片，之后收到你公司关于该产品的推销邮件，你不可能知道究竟是哪个因素促成了此次交易。

另一种方法是每个月将各个营销渠道的关键指标排列在一个指示板或电子表格中，并查看得出的综合数据。下面是每个营销渠道创建该分析需要的关键指标。

1. Email 营销

（1）邮箱列表规模。发送的 Email 对象数量等同于曝光量。你可以通过比较各个月份的 Email 数量就能了解潜在客户是增加还是减少。

（2）Email 打开率。这显示了客户和潜在客户的参与度。

（3）销售额。Email 营销每月能产生多少销售额。

2. 广告

（1）广告费。你在广告上花了多少钱，比如 Google Ads（关键字）和 Facebook 广告。

（2）点击量。有多少人通过点击广告浏览你的网站。

（3）销售额。广告为你带来了多少笔交易，平均金额是多少。

3. 社交媒体

（1）粉丝数量。追踪每个社交网站上的粉丝量可能会让你觉得更受欢迎。

（2）分享和点赞数。分享和点赞数可以体现客户参与度。

（3）销售额。有多少交易由社交媒体带来，平均金额是多少。

4. 自然流量

（1）网站访问量。有多少人直接访问该网站（不包括来自 Email、社交媒体和广告的用户），这也是衡量品牌追踪和 SEO 效果的指标之一。

（2）网页浏览时间和阅读量。

（3）销售额。有多少交易来自自然流量，平均金额是多少。

5. 月度变化

Email、广告、社交媒体和自然流量都属于营销渠道，当然实际情况也可能会有所不同。无论如何，你可以将所有指标排列在一起，计算每个指标的月度变化，如图 8 - 1 - 10 所示。

	Last Month	This Month	% Change
Email List Size	1,000	1,200	20%
Total Clicks	500	550	10%
Total Followers	420	425	1%
Site Visits	400	390	-2.5%

图 8 - 1 - 10　四种营销渠道的月度变化

在图 8 - 1 - 10 中，Email 订阅量正在增长，但自然流量的访问量下降了 2.5%。

6. 营销渠道的用户参与度

什么是用户参与度？就是 Email 营销中的 Email 打开率、广告中的点击率、社交网站上的点赞和分享数、自然流量中的用户浏览时间。对于 Email 营销来说，用户参与度等同于 Email 打开率，对于广告来说，是点击率。

图 8 - 1 - 11 是四种营销渠道的月度指标比较。

	Last Month	This Month	% Change
Email Open Rate	10%	11%	10%
Advertising Click Rate	5%	4.5%	-10%
% Likes and Shares vs. Total Followers	1%	2%	100%
Number of Pages Visited	5.50	5.60	1.8%

图 8 - 1 - 11　四种营销渠道的月度指标比较

除了广告的用户参与度下降 10%，其他渠道的月度用户参与度均有所增加。因此，你就可以根据数据相应地对广告策略进行调整。

7. 总销售额

接下来，分析每个营销渠道的销售情况。不过有一点，一个营销渠道可能只产生很少的销售额，却有很高的用户参与度，这同样有利于总体销售额的增长。

图 8 - 1 - 12 是四种营销渠道收入的月度变化。

	Number of Sales			Revenue		
	Last Month	This Month	% Change	Last Month	This Month	% Change
Email Marketing Sales	19	28	47%	$1,500	$1,800	20%
Advertising Sales	5	3	-40%	$500	$300	-40%
Social Media Sales	6	4	-33%	$35	$56	60%
Organic Traffic Sales	20	22	10%	$3,000	$2,600	-13%

图 8 - 1 - 12　四种营销渠道收入的月度变化

8. 投资回报率

当你收集了所有数据,就可以计算总体的投资回报率,当然计算结果并不是十分准确,因为不是所有的交易都可以归结到单一的营销渠道。不过,跟踪每个渠道的收入可以获得一个近似值。

(资料来源:雨果跨境。http://www.cifnews.com/article/34542)

 四、跨境电子商务全网营销管理

(一) 搭建合理的企业组织结构

全网营销并不是简单的多种营销方式叠加,而是将产品开发、网店运营、品牌推广等活动整合在一起的模式。因此,从公司层面需要设立合理的组织架构,整合各部门之间的职能和业务流程,确保整体的营销计划能够发挥出整合效果。

(二) 完善团队建设

全网营销需要多种营销方式配合,因此对于实施全网营销的团队,选择的人员一定要集合自己团队的需求,比如需要有搜索引擎营销、社交网络营销、Email 营销人员共同合作,这样才能将网络营销发挥到极致。

(三) 资源分配合理

企业进行全网营销时可采用的营销手段多种多样,而企业手中的营销资源是有限的。如何合理地将有限的资源进行优化配置,以获得最优的营销效果是实施全网营销时不得不考虑的问题。通常企业进行全网营销时需要配置的资源包括人力资源和资金。

资源配置主要包括各资源的投入规划和成本核算,目的是对全网营销的成果进行检测与客观评价,以提升全网营销的投资回报率,为企业获取更多的利润和收入。

(四) 制定合理的绩效考核机制

全网营销相比传统营销在绩效考核方面更难把握,但是殊途同归,在原则坚持方面都是一致的。

(1) 系统性原则:所建立的评价体系不能是侧重于评价对象某一方面,应该具备从整体出发,多方位地反映出评价对象在全网营销不同方面的能力。

(2) 科学性原则:要确保评价对象的特性和相关资料之间必然存在一定可参考的联系,让指标体系能够最直观地反映出企业急需从中获取的信息。

(3) 目的性原则:判断一个体系是否具备目的性原则,主要是看该评价体系标准是否具备为企业或者用户提供有参考性信息的能力。

(4) 定性、定量相结合原则:全网营销绩效考核评价指标的建立,必须要保证其能够很好地兼顾定量指标和定性指标,不能主观地注重某一个方面而忽视另一个方面。

思考与总结

职业技能训练

1. 训练目标

(1) 使学生能够通过调研认识企业进行全网营销时的营销举措。
(2) 培养学生分析、解决问题的能力。

2. 训练内容

请选择两家跨境电子商务品牌企业,通过访问企业官方网站、第三方跨境电子商务平台、社交媒体等渠道,对企业全网营销的情况进行调研,并将调研结果填入表8–1–3中。

表8–1–3　跨境电子商务品牌企业全网营销情况

营销方式	A 企业	B 企业
企业网站		
第三方交易平台		
搜索引擎营销		
社交媒体营销		
网红营销		
Email 营销		
论坛营销		
其他		
调研结论		

任务评价

1. 本次任务的技能点评价（如表8–1–4所示）

表8–1–4 本次任务的技能点评价

序号	技能点评价	佐证	达标	未达标
1	全网营销的概念	能够理解全网营销的概念		
2	全网营销策划	能够根据企业情况策划全网营销方案		
3	全网营销案例的策略分析	能够对全网营销案例中所用到的策略进行分析		

2. 本次任务的素质点评价（如表8–1–5所示）

表8–1–5 本次任务的素质点评价

序号	素质点评价	佐证	达标	未达标
1	创新意识	能够根据企业特点、营销目的为企业设计创新的全网营销方案		
2	协作精神	能够和团队成员协商合作，共同完成实训		
3	资源的查找、整合能力	能够进行相关资源的查找和整合		
4	严谨的工匠精神	能够对营销效果进行分析，并结合营销效果数据优化营销手段		
5	自我学习能力	能够运用网络资源，自我学习全网营销的相关知识和技能		

任务二　跨境电子商务全渠道营销

　任务描述

通过跨境电子商务团队的深耕运营，结合多种网络营销手段共同助力，小王所在的公司规模越来越大。在布局完线上店铺运营和推广之后，跨境网络营销部的小王又有了新的任务。公司部门主管准备组织团队开展全渠道营销，多种渠道能覆盖更多的人群，于是安排小王了解一下并针对公司的情况做出营销方案。那么什么是全渠道营销？如何策划并开展全渠道营销呢？通过本次任务，学习全渠道营销的概念和策略。

　知识嵌入

　一、全渠道营销概述

（一）全渠道营销的概念

全渠道营销，是指个人或组织为了实现目标，在全部渠道范围内实施渠道选择的决策，然后根据不同目标用户对渠道类型的不同偏好，实行针对性的营销定位，并匹配产品、价格、渠道和信息等营销要素组合策略。

上面提到全渠道营销涉及各个渠道之间的整合，而这个"全渠道"不仅仅局限在全部的分销或者销售的渠道，它包含更多的方面。现在的用户，不仅购买时进行全渠道选择，还全渠道参与企业设计生产、配送、反馈和传播等各个环节。因此我们这里提到的全渠道，不仅包括产品销售即所有权转移的渠道，还包括产品的信息传播渠道、设计生产渠道、物流配送渠道、用户转移渠道等。

（二）全渠道营销的意义

全渠道营销贯穿用户购买产品的各个环节，从最开始对产品的了解、不同品牌的比较，到购买方式的选择以及多个渠道的反馈这一系列的过程，如图8-2-1所示。通过全渠道营销能够从多方面影响用户的购物决策，全方位地与用户进行接触，了解用户的真实需求，为用户更好地提供产品和服务，这也是企业实施全渠道营销的意义所在。

1. 全渠道搜索

我们现在处在一个信息透明的互联网时代，人们可以通过多种渠道来搜索想要的信息。在这种情况下，企业如果仅仅是通过单一渠道或者少数几个渠道提供信息，就会导致自身曝光量不足。因此，这就要求企业在信息推广时提供全渠道信息，制定满足各个渠道不同需求的营销方案，确保信息能够准确地推送给目标群体，以免丧失被用户发现和选择的机会。

举个例子来说，假设我们现在想要买件衣服，这时候我们通常就会在各种渠道了解产品信息。如图8-2-2所示：上下班的时候，会去留意街边橱窗里服装的展示；上班的时候，会注意身边同事的穿着；下班后会去网上搜索和查看网上评价。从上面的例子可以看出，当前人们在做购物决策时，往往通过多元化的渠道来获取信息。

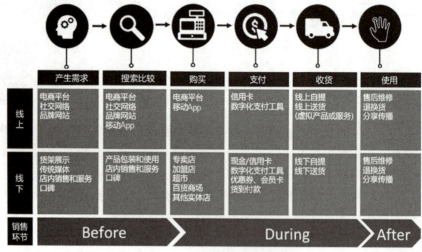

图 8-2-1 全渠道营销贯穿多个环节

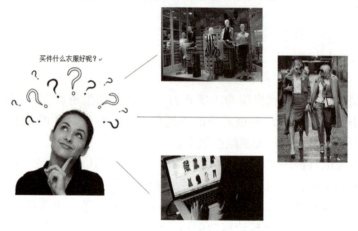

图 8-2-2 全渠道搜索服装信息

2. 全渠道选择

以前人们在选择产品时会考虑买谁的产品，选择哪个品牌，而如今人们在选择产品时还会考虑自己是否参与到产品的设计和生产之中。

人们在选择产品时通常会利用各种渠道进行比较，这是因为产品选择是建立在信息搜集基础上的。人们全渠道地搜集信息，自然就会进行覆盖线上线下全渠道的产品比较。此外，为了满足自身个性化的需求，人们希望能够参与到产品的设计、生产、营销等环节之中，参与感越高的产品，越容易被人们选择。由于有用户的参与，商家更容易搜集用户的需求信息，能够针对性地制作产品进行营销。因此，企业需要考虑在全渠道内充分展示产品信息，否则可能会因为信息展示不充分而被用户淘汰。

3. 全渠道购买

以前人们在选购产品时，基本是在一个时间和空间完成的，比如我们想要购买衣服，直接去商场付款购买。而现在，我们可以选择的渠道有很多种，可以通过线上也可以通过线下。还是以购买服装为例，现在我们可以在网上选择喜欢的服装，然后去实体店体验试穿，还可以将服装的图片、试穿效果通过网络分享给朋友征求意见。决定购买后，可以在实体店直接付款,也可以通过网店下单,使用手机付款。用户在购买产品时,面临着多种可以选择的渠道,这就要求企业在进行营销推广时也需要利用全渠道,否则可能会因为用户购买过程的选择有限而失去潜在用户。

4. 全渠道反馈和传播

人类天生就有表达和分享的本性,愿意将自己的感受与他人分享。而网络带来的便捷和社交媒体的广泛使用使得分享和传播变得更加简单、迅速和广泛。越来越多的人使用Facebook、Twitter、YouTube等来表达自己对于产品的看法和使用心得。

面对用户全渠道的反馈,企业需要尝试全渠道地与用户进行沟通,了解用户需求,及时对用户的意见、建议做出反应,并根据用户的反馈信息对自身的产品和服务进行改进调整。

二、全渠道营销案例

2011年10月成立的Anker,是国内做得非常成功的跨境电子商务品牌,主要经营3C电子类产品,生产移动电源、充电器、蓝牙外设、数据线等智能数码周边产品,重点市场覆盖北美、日本及欧洲多国。目前,Anker全球用户超过2400万人,其中1000万人成为Anker的忠实粉丝。

成功的业绩之下是Anker成功的品牌推广之路,纵观近些年Anker的营销推广,也是采取了线上线下的全渠道相结合的策略,在提升销量的同时,将自己的品牌打进了海外市场。接下来我们一起看一下Anker的全渠道营销是如何实施的。

1. 网络平台销售

作为亚马逊平台起家的Anker,其主要的交易平台在亚马逊,早在2017年排名就占据了亚马逊美国站的第二名。除了亚马逊,Anker还开设了eBay、速卖通和新蛋店铺,为用户提供多种购买渠道。目前Anker提供的网络销售平台如图8-2-3所示。

Anker还经营着自己的官网,不过官网主要是为了产品展示和品牌口碑建设,吸引网络各方流量并导入交易平台中。

我们可以看一下网站的流量情况。如图8-2-4所示,我们将Anker和Belkin(美国IT配件销量第一)在Alexa的排名进行了对比。

图8-2-3　Anker的网络销售平台

图 8－2－4　Anker 和 Belkin 的 Alexa 的排名对比

通过比较可以看出，作为美国本土品牌的 Belkin 在美国的排名略高，而 Anker 在全球拥有更高的排名，可见 Anker 通过多种渠道的推广已将品牌打造成一个国际品牌。

2. 线下实体店销售

2014 年 Anker 将业务拓展到线下。2014 年 11 月，Anker 入驻了美国连锁超市 Staples；2015 年 4 月，Anker 在法国与宜家合作，拓展法国线下渠道。目前，Anker 美国在已开设 4 家实体店，并且已经盈利，方便用户在购买之前提前体验产品，帮助用户更好地做出选择。同时，线下优质的客户服务以及高质量的客户互动，能够更好地树立品牌形象。

3. 移动端销售

数据显示，有越来越多的消费者选择使用移动端进行网购。从图 8－2－5 中我们可以看出，Anker 的访问流量也出现了相应的调整。之前一直都是 PC 端的流量高于移动端，但从 2017 年 10 月份开始，移动端的流量开始反超 PC 端，Anker 开始将销售转移向移动端。截至 2021 年 9 月，半年访问量为 11 650 000，流量相对稳定。如图 8－2－6 所示。

图 8－2－5　Anker 的访问流量统计

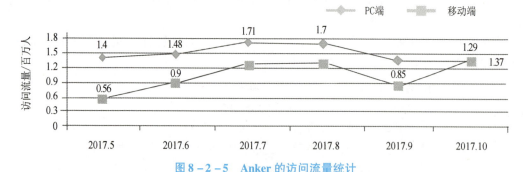

图 8－2－6　Anker 的访问流量

4. 品牌推广

说起跨境电子商务中的出口品牌，很多人第一反应就是 Anker，经过这些年的推广，Anker 已经成功将其品牌打造成知名品牌，在网络中建立了广泛的品牌认知度。如图 8-2-7 所示，23.44% 的流量来源于直接访问，Anke68.72% 的流量来源于自然搜索，说明 Anker 在搜索引擎优化和口碑营销上做得不错。

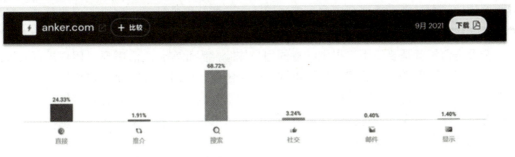

图 8-2-7　Anker 的流量源对比

除了运用搜索引擎营销，Anker 还与社交媒体网红合作，利用网红来分享和传播品牌。作为一家主营 3C 电子类产品的企业，较经济的营销方式是通过博客营销、论坛营销以及 Facebook、YouTube 等社交媒体进行营销。Anker 一直通过为网红提供免费产品，寻求产品分享、评论等来建立社交媒体影响力。如今看看 Anker 的社交媒体账户，Instagram 上有超过 55.9 万粉丝，Facebook 上有超过 36 万的粉丝，获得了近 30.9 万个赞。通过社交媒体这一渠道，不但可以帮助企业获得更多的关注，开拓新用户，还有利于扩大口碑和品牌知名度建设。

5. 物流渠道

除了完善各个交易渠道，Anker 还努力构建了合理的物流配送网络，以更好地提升用户体验。在物流方面，除了使用亚马逊的 FBA 来配送国际订单，Anker 还在美国的西海岸建立了海外仓。在 Anker 的主要市场美国，由于地域广阔，将产品从中国出口配送到美国各地需要花费较长时间；而在西海岸建立海外仓，可以节省运费，使产品在市场上获得更大的价格优势，并且能够更快地运送到美国买家的手中。

Anker 采取了全渠道营销的策略，将线上渠道与线下渠道的运营相结合，在网络上进行产品销售的同时，增加实体店的产品体验与销售，为用户提供了更多便利。除了线上渠道的盈利，线下渠道的收益也在不断扩大，且占比在不断提升，这个营销的效果还是不错的。通过全渠道营销，Anker 在产品销售、品牌推广等多方面获得了成功，实现了各个渠道的融合发展。

 三、全渠道营销策划

第一步：确定营销的总目标，即通过实施全渠道营销想要达到什么样的效果，这个效果不仅仅包括可以量化的绩效目标，还包括对用户多渠道潜移默化的影响。营销目标的确定能为方案策划提供一个整体方向，只有确定了营销总目标，后续工作才能沿着这个方向进行。

第二步：进行营销分析，研究各种渠道类型的宏观环境和微观环境（公司自身、合作者、用户、竞争对手）等内容。全渠道营销涉及范围更广、环节更多，在进行营销环境分析时，要充分考虑到用户参与购物决策的各种渠道，忽视任何一种渠道类型都可能漏掉潜在用户，进而漏掉销售额和利润。因此全渠道营销的分析工作更为复杂，工作量更大。

第三步：制定营销战略，依据全渠道进行用户细分和营销定位。全渠道营销战略，重点强调的是在营销决策过程的每一个步骤和环节都要考虑尽可能多的备选渠道，但这并不意味着使用所有渠道，选择利用多少渠道取决于营销分析的结果。同时，也不是每一种渠道都要完成营销过程的全部功能，通常会出现仅仅完成营销过程部分功能的情况。

全渠道营销就是要给用户提供满意的用户体验，因此实施之前需要对用户进行渠道细分，并根据不同渠道类型的用户指定不同的营销定位。同时，还需要确定全渠道营销的定位点。实施全渠道营销，既可以是线上线下采用不同的定位点，比如有些零售商线上的定位是低价省钱，而线下的定位则是优质服务，也可以是线上线下采用相同的定位点，很多线上线下完全融合的品牌大多如此。

第四步：制定营销战术，依据全渠道营销定位组合营销战术，其中包括描绘用户全渠道设计和购买商品周期，匹配经营者营销周期并选择产品策略、价格策略、渠道策略、信息策略，分配各渠道类型需要完成的组合要素功能。卖家需要根据目标用户设计和购买产品的周期偏好，以及相应的营销定位选择，规划相应的产品设计生产和销售的营销周期，从而与用户行为一一匹配，更好地分配各渠道的营销资源，如图8-2-8所示。

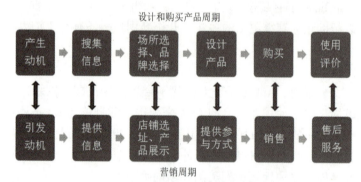

图8-2-8 全渠道营销周期框架图

第五步：实施营销计划。根据已制订的营销计划实施，其中包括各种渠道类型关键流程构建和重要资源整合，从而实现已确定的绩效目标。在营销计划实施过程中，需要依据方案制订详细的计划进度表，控制方案的执行进度，确保营销计划有序实施。

第六步：评估绩效。考核实施营销计划之后是否提高相关利益者的利益，是否带来企业利润的稳定增长，是否实现营销目标。对于营销效果的评估要贯穿整个营销策划过程，根据阶段性的营销效果判断营销方案的执行情况，分析出现的问题并及时予以调整。

四、全渠道营销管理

（一）整合线上流量

对于企业线上渠道，应该尽量以其自身可以掌控的平台为基础，其他各个交易平台或者营销工具均是为了辅助主平台流量进行相应整合调整，这样才能实现最大限度的引流。

(1) 搭建平台：搭建一个线上引流平台，通常是企业官网、自建站或者跨境电子商务交易平台，这是线上引流的核心所在，后续的步骤都是围绕这个平台展开的。

(2) 引流：利用搜索引擎、线上广告、社交媒体等推广方式，将流量从线上引到企业所在的具体销售平台上来。

（二）整合线下流量

对线下资源的整合，是保证其他渠道流量入口的关键，主要包括提升品牌形象、门店引流、推动线下活动与事件营销。

(1) 提升品牌形象：线下实体店能够更好地展示产品、传播品牌，因此能更方便地树立良好品牌形象。通过线下对用户优质的服务，让线下用户产生良好的购物体验，吸引用户购买，使其成为企业忠实的用户。

(2) 门店引流：线下广阔的用户市场也是不容忽视的。一些跨境电子商务企业在开设线下实体店时常常会选择热闹的商业街或者商超卖场附近，可以利用商场较大的客流，提升自己的用户群。

(3) 推动线下活动与事件营销：线下活动除了可以在门店里进行，也可以在门店外进行。不少大型企业进行一系列的事件营销、话题炒作，都是为了增加品牌曝光度和知名度，同时实现了品牌线上销售平台、移动平台的引流。

（三）搭建移动平台

面对移动互联网化的今天，除了线上线下渠道，能够抓住用户碎片化时间的移动平台也不要放过。尤其是资金实力足够的企业，可以优化手机端的用户体验和研发自己的 App。

(1) 优化用户体验：据统计，有越来越多的用户在进行网上购物时采用多渠道的方式，除了 PC 端，很多用户会选择使用手机浏览信息、下订单。利用移动端的便利性向用户推荐促销活动信息、发放优惠券、提供发货通知等都能给用户带来更好的购物体验。

(2) 研发 App：当粉丝数量聚集到一定程度之后，可以开发企业自己的 App 平台，但是用户对平台的要求很高，平台需要持续输出优质内容来吸引和黏住用户，持续有效地对用户进行经营。

（四）开展精准营销

一般来说，线上渠道的用户以年轻人居多，线下渠道的用户在不同地区也会存在各种不同偏好。借助于大数据技术，企业通过调查、分析和记录线上线下用户的基本属性、消费习惯、消费行为等，建立线上线下用户数据库，分析数据库信息，深入挖掘用户价值，开展精准营销。

（五）线上线下一体化

在实施全渠道营销时，线上线下渠道应协同发展、优势互补，实现一体化发展。企业应该明确自身各个渠道的优势，通过线下渠道进行展示，满足用户的体验需求，通过线上渠道为用户提供全方位的产品信息，并与用户展开高效的互动，使线上线下的运用相互补充、相互促进。

在价格方面，线上线下根据自身特色提供相应的产品和服务，同样的产品线上线下保持同价。此外，还可为产品增加渠道独特的附加值，以应对市场变化的竞争。

在库存方面，线上渠道与线下门店共享库存。全渠道产品、库存、订单统一管理，能够帮助企业优化供应链和库存结构，降低整体运营成本，创造更多利润。例如，用户在网上下单购买了某个产品，可以选择邮寄或者门店自提，如果对产品不满意，也可以就近在门店退换，既促进了购物、节约了运输成本，又实现了线上线下互通。

在人员方面，也需要根据营销战略进行相应的匹配和调整，统一管理，打破不同渠道间的壁垒，使不同渠道间的人员、货物、资源能够自由流通。

全渠道营销中的全渠道是将所有渠道类型作为备选对象，而最终选择的结果可能线上和线下渠道的融合，也可能都是线上渠道，也可能都是线下渠道，其宗旨是在适合的基础上融合尽可能多的渠道类型。

全渠道营销现已经成为一个主流趋势，未来实施全渠道营销将是互联网企业和传统企业的共同选择。企业需要根据自身的经营状况和战略规划来进行相应的营销策略，更好地适应市场环境和现代技术的变革。

职业技能训练

1. 训练目标
(1) 培养学生具备全网营销、全渠道营销的意识和思维。
(2) 锻炼学生通过网络查找信息的能力,并培养学生分析和解决问题的能力。
(3) 能够运用所学,根据企业情况撰写全渠道营销方案。

2. 训练内容
请自选一家跨境电子商务企业,认真分析该公司的宏观环境、微观环境、目标市场,为该公司撰写一份符合公司实际,可行性、操作性较强的全渠道营销方案。

方案可以参照以下框架。

```
一、公司简介
二、公司营销目标
三、公司的营销环境
1、宏观环境分析
2、微观环境分析
四、公司的目标市场
1、目标市场定位
2、目标产品定位
3、目标用户定位
五、公司全渠道营销策略
1、线上渠道
2、线下渠道
3、其他渠道
六、公司全渠道营销实施计划
```

任务评价

1. 本次任务的技能点评价（如表8–2–1所示）

表8–2–1　本次任务的技能点评价

序号	技能点评价	佐证	达标	未达标
1	全渠道营销的概念	能够理解全渠道营销的概念		
2	全渠道营销策划	能够根据企业情况策划全渠道营销方案		
3	全渠道营销案例的策略分析	能够对全渠道营销案例中所用到的策略进行分析		

2. 本次任务的素质点评价（如表8–2–2所示）

表8–2–2　本次任务的素质点评价

序号	素质点评价	佐证	达标	未达标
1	创新意识	能够根据企业特点、营销目的为企业设计创新的全渠道营销方案		
2	协作精神	能够和团队成员协商合作，共同完成实训		
3	资源的查找、整合能力	能够进行相关资源的查找和整合		
4	严谨的工匠精神	能够对营销效果进行分析，并结合营销效果数据优化营销手段		
5	自我学习能力	能够运用网络资源，自我学习全渠道营销的相关知识和技能		

跨境消费迎来新发展：疫情改变消费模式 跨境消费要更直观

近年来，随着跨境电商的发展，特别是以"网购保税"为主的经营模式兴起，让跨境购物更加快捷、方便、安全。在第二十届中国互联网大会期间召开的跨境电商论坛上，多位专家就跨境电商的发展趋势进行了深入探讨。

2020 年，新冠肺炎疫情对全球的消费模式和零售格局产生了重大影响，消费者大规模地由线下消费转移到线上消费，跨境电商的规模也迅速扩大。

中国国际经济交流中心产业规划部处长窦勇表示，跨境电商是连接国内和国际市场，与互联网、大数据等前沿技术相结合的前沿通道，是传统国际贸易方式当中的一个与时俱进的新产物，正在焕发出新的生命力。

艾瑞咨询数据显示，2020 年，中国跨境电商行业的规模超过 6 万亿元，其中 B2B（企业对企业）跨境电商规模约为 4.5 万亿元。B2C（企业对消费者）跨境电商进出口规模达到 1.69 万亿元，增长 31.1%，其中出口达到 1.12 万亿元，增长 40.1%，进口 0.57 万亿元，增长 16.5%，成为稳外贸的重要力量。

中国互联网协会副秘书长宋茂恩表示，当前，跨境电商产业发展日趋成熟，主要表现在四个方面：一是跨境电商产业链的数字化水平不断提升，跨境电商推动传统外贸企业加速数字化转型，通过开展在线营销、在线洽谈、在线交易等方式提高贸易效率。二是海外仓模式快速发展，海外疫情反复，一定程度上加大了海外仓的发展。商务部的数据显示，2020 年跨境电商的海外仓数量超过 1800 个，成为海外营销重要节点和外贸新型基础设施。三是跨境电商营销智能化能力不断提升，跨境电商平台不断加大营销的智能化与精细化，以增强营销的精准性与及时性。例如，目前主流的跨境电商平台均开通了直播功能，直播已经成为跨境电商重要的营销方式。四是跨境电商平台生态赋能中小商家，已初步形成产业生态，通过提供仓储、物流、推广、营销、工业链金融等增值创新服务，为平台供应商提供一站式服务，缩短贸易链条，简化贸易环节，实现多环节打通和融合，推动外贸产业结构的升级。

（资料来源：百度。https：//baijiahao.baidu.com/s？id＝1705878143473578735&wfr＝spider&for＝pc）

参 考 文 献

[1] 潘百翔，李琦. 跨境网络营销［M］. 北京：人民邮电出版社，2018.

[2] 徐娟娟，郑苏娟. 跨境网络营销［M］. 北京：电子工业出版社，2019.

[3] 张夏恒. 跨境电子商务概论［M］. 北京：机械工业出版社，2020.

[4] 苏芳. 跨境营销与管理［M］. 北京：电子工业出版社，2021.

[5] 陆明，陈庆渺. 北京海外社交媒体营销［M］. 北京：人民邮电出版社，2020.

[6] 龙朝晖，刘蓓. 北京跨境电子商务推广［M］. 北京：高等教育出版社，2020.

[7] 王先庆，彭雷清，曹富生. 北京全渠道零售［M］. 北京：中国经济出版社，2018.

[8] 渠成. 北京全网营销实战：开启网络营销4.0新时代［M］. 北京：清华大学出版社，2021.